Dem Ort auf der Spur...

Specific Landscapes

hutterreimann+cejka landschaftsarchitekten

Inhalt | Content

Spezifische Landschaften

Am Anfang sind es Pioniere wie Birken und Lärchen, die kahle Schotterflächen besiedeln und dienstbar den Boden bereiten für die anspruchsvolleren Gehölze. Die Evolution hat sie in Millionen von Jahren gelehrt, mit solch widrigen Verhältnissen zurechtzukommen, das Licht zu nutzen und die Trockenheit nicht zu scheuen. Aber hier ist es nicht das Schotterfeld eines Steinschlags, auf dem sie siedeln. Es sind Betonbrocken und die Dachpfannen einer verlassenen Scheune, die sie erobert haben und die sie jetzt Jahr für Jahr weiter zudecken werden. Daneben hat der Bambus seine Sprossen durch eine Asphaltschicht getrieben, und Blutpflaumen blühen auf einem kahlen Feld von Schlackensteinen. Das sind die „Recyclinggärten", Szenen aus der Landesgartenschau Wernigerode, die zum Eindrücklichsten und Poetischsten gehören, was die Weggefährten von hutterreimann+cejka geschaffen haben. Und es sind Bilder, die ihre Arbeit entschlüsseln. Wettbewerbserfolge bei Landesgartenschauen haben ihre Arbeit von Anfang an bis heute geprägt. Die Anlagen in Wernigerode, Tulln und Löbau zeigen mit Themen und Bildern exemplarisch ihre Auffassung einer menschlichen Existenz zwischen Natur und Artefakt.

Erst kurz vor dem Wettbewerbserfolg in Wernigerode hatten sich Barbara Hutter, Stefan Reimann und Andrea Cejka zusammengetan, um gemeinsam zu entwerfen und zu bauen, aber auch, um dabei über Landschaft und Natur und unser Verhältnis dazu zu sprechen. Sie haben begonnen, Orte zu lesen und zu deuten, Wege hinein zu legen, sie mit Szenen und Bildern zu bereichern und dabei Geschichten zu erzählen, Geschichten wie diejenigen der Pflanzenpioniere, die auf den Abfällen der Menschen wurzeln und gedeihen.

Wernigerode ist eine kleine Stadt im Harz. Der Ort für die Landesgartenschau war eine geschundene Landschaft: Am Stadtrand hatte man neben die vernachlässigten Fischweiher

Plattenbauten, Gewerbehallen und Kleingärten gesetzt; mitten zwischen die zwei Gewässergruppen wurde Bauschutt deponiert, als ob man den Abfallcharakter des Ortes noch betonen wollte. Auch bei späteren Arbeiten sind hutterreimann+cejka auf solche geschundenen Landschaften gestoßen: in Tulln auf die durch die Donauregulierung verlandeten Altarme im Auenwald und den kahlen Schießplatz; in Löbau auf die industriellen Überbleibsel einer Zuckerfabrik und die riesigen Betonbecken, die rüde und rücksichtslos in die Ebene des Flüsschens geschnitten worden waren. Aber es liegt ihnen fern, diese Tatsachen verhübschend zu überformen und mit grüner Garnitur zu kaschieren. Stattdessen akzeptieren sie die Geschichte des Ortes als Chance für einen unverwechselbaren Entwurf. Sie kommen ihnen gelegen, diese von Menschen veränderten und entstellten Landschaften; nichts langweiligeres als die grüne Wiese, der Ort ohne Charakter!

Wer sich einen Ort zu Eigen machen will, muss ihn ergründen; wer ihn begehen will, muss einen Weg legen. Beides geschieht in diesen frühen Stadien des Entwurfs. Ergründen des Ortes ist im Wortsinn zu verstehen: wühlen im Untergrund und die Gründe für den vorliegenden Zustand zu erfassen – das geht oft in eins. In Wernigerode tritt die Geschichte der Fischweiher zutage, die den Entwurf und das Projekt durch alle Phasen bis in die Formgebung und Materialisierung bestimmen wird. Aber auch die Bauschuttdeponie kommt ans Licht, die Geschichte des Bergbaus im Harz, die romantischen Vorstellungen von Wichteln und das weniger romantische Problem der Altlasten. Wenn der Ort historisch erschlossen ist, gilt es, ihn auch räumlich zu erschließen und zugänglich zu machen. Dazu legen hutterreimann+cejka Wege. Sie legen die Spur, an der entlang sie die Besucher später führen werden, an der sie ihre Bilder und Geschichten aufreihen werden. Sie legen sie so in den Raum, dass der Ort sich in flanierender

Specific Landscapes

In the beginning, pioneers such as the birch and larch settle on barren expanses of rubble and prepare the ground for more sophisticated woodlands. Evolution has taught them over millions of years how to cope with such adverse conditions, to exploit the light and withstand the aridity. Rather than settling on rocks from a landslide, they colonize clumps of concrete and the roof tiles of an abandoned barn, which they have conquered and will continue to cover year after year. Beside them, bamboo has sprouted through a layer of asphalt, while plum trees blossom on a bare field of slag bricks. These are the "Recycling Gardens," scenes from the Wernigerode Regional Garden Show, which are among the most impressive and poetic moments created by hutterreimann+cejka landscape architects. These are the scenes that explain their work, which has been marked by competition successes at regional garden shows from the very beginning. In themes and tableaus, the sites in Wernigerode, Tulln, and Löbau exemplify their view of a human existence between nature and artifact.

Barbara Hutter, Stefan Reimann, and Andrea Cejka joined forces in design and construction shortly before their success in the competition at Wernigerode, with the added shared aim of discussing landscape and nature and the human relationship with them. They began to read and interpret locations, to set paths within them, to enrich them with scenes and pictures, and to tell stories thereby, stories such as those of the plant pioneers that take root in human waste and thrive upon it.

Wernigerode is a small town in the Harz region. The place chosen for the Regional Garden Show was a wasteland area. At the edge of town, tenements, workshops, and allotments had been installed beside the neglected fishponds; building rubble had been dumped right between the two stretches of water as if to emphasize the wasteland character of the place. In their later

work, hutterreimann+cejka again came across such maltreated landscapes: in Tulln, on the old branches of the Danube in the alluvial forest silted up by the damming of the river, and a barren shooting range; in Löbau, on the industrial remains of a sugar refinery and the huge concrete basins gouged crudely and thoughtlessly out of the little river's plain. They had no intention of prettifying these conditions and concealing them with green trimming. Instead, they embrace the history of the locality as an opportunity to create a unique design. These landscapes changed and disfigured by man are just what they are seeking; there's nothing more boring than a green field, a place without character!

If you aim to appropriate a place you must first get to the bottom of it; if you wish to walk upon it you must first lay a path. This all happens in these early stages of design. "Getting to the bottom" is meant literally: burrowing into the foundations and finding the reasons for the existing condition – this often comes all at once. In Wernigerode, the history of the fishponds came to light, and this determined both design and project throughout all phases, including their shaping and materialization. However, the building rubble dump also came to the surface, the history of mining in the Harz region, the romantic conceptions of goblins and the less romantic problem of abandoned rubble. After a locality has been tapped historically it must then be opened up spatially and made accessible. hutterreimann+cejka set down paths to that end. They mark out the track along which they will later lead visitors, along which they line up their images and stories. They set them into the space such that the place can be explored and experienced in a relaxed, ambulatory fashion. In Wernigerode, it is the Fish Walk, a raised promenade and bridge that links the old fishponds and forms the backbone of the garden show. Besides this, there is the circumferential path that skirts around the show

Bewegung erkunden und erfahren lässt. In Wernigerode ist es der „Fishwalk", ein Weg und Steg, der die alten Fischweiher verbindet und der Gartenschau ein Rückgrat gibt. Dazu kommt der Rundweg entlang der Schaugärten. Auch in Tulln sind es mehrere Wege: die sich durch die Schaugärten schlängelnde Tartanbahn, der ruhig zwischen die Bäume gelegte Waldweg und endlich die regenerierten Altarme, die den Auenwald zu Wasser erfahrbar machen. Und in Löbau sind der Weg und die Abfolge der Bilder, die sich an ihm aufreihen, der zentrale Gedanke und die Hauptattraktion der Schau.

Der Weg als Mittel, die Landschaft über Begehung und Betrachtung erfahrbar zu machen, ist ein Kerngedanke des englischen Landschaftsgartens. Er ist das Gängelband, an dem die Betrachter durch eine bereinigte und überhöhte, scheinbar ideale Landschaft geführt werden. Sorgfältig arrangierte Bilder erzählen von Arkadien, der Schäferidylle des ländlichen Lebens. Unsere Landschaft ist nicht mehr agrarisch und längst nicht mehr idyllisch. Aber das kann hutterreimann+cejka nicht davon abhalten, sie mit einer Abfolge von Bildern lesbar zu machen und in Szene zu setzen. Sie nutzen das traditionelle Instrumentarium ihrer Profession, um Landschaft und unser Verhältnis zu ihr zu beschreiben. Auch der Mound, die Folly und die Wilderness werden zitiert und erfüllen dieselben Aufgaben wie im historischen Landschaftsgarten. In Tulln wird ein Kugelfang nicht geplant, sondern als einzige Erhebung in einer Ebene zum Aussichtspunkt. Er mutiert so vom unansehnlichen Zweckbau zum anspielungsreichen Nachfahren der Pücklerschen Pyramiden oder der Mounds in italienischen und englischen Renaissancegärten. In Wernigerode und in Tulln kommt die Folly zu Ehren, der kleine, oft von jeglicher Funktionalität freie Bau, der als Zielpunkt eines Weges, als Fokus einer Sichtachse oder als amüsante Lustbarkeit dient. Die Wilderness, dieses unkultivierte Reststück Wildheit, meist

eingezäunt und betont wild belassen, feiert im Wernigeroder „Zauberwäldchen" ihr Comeback.

Aus Rasen geformte Hügelkuppen erinnern an die Wellen der Donau, Marmorsäulen in einem Wasserbecken beschwören ein erdachtes Nymphenheiligtum, weiße Tartankegel erzählen von der süßen Vergangenheit der Zuckerhüte. Es sind Bilder, mit denen hutterreimann+cejka Geschichten erzählen. Das können einfache wie die eben genannten sein, aber auch vielschichtige und verstörende wie zum Beispiel diejenige, die das „Naturfreundekabinett" in Tulln erzählt. Inmitten des naturnah belassenen Teils der Anlage erscheint plötzlich eine an Künstlichkeit nicht mehr zu überbietende Installation. Zwischen den Bäumen des Auenwaldes ist eine mit Tannen und röhrenden Hirschen bedruckte Kunststoffbahn als Umfriedung gespannt. An den Pfosten hängen vergoldete Hirschköpfe, der Boden ist mit Kunstrasen belegt, und die Tannenbäume sind handelsübliche Weihnachtsbäume aus Plastik. Dem echten Naturfreund wird ob dieser Künstlichkeit ganz mulmig: Natur zum Bild erstarrt, zur Unveränderlichkeit plastifiziert und gänzlich verfügbar gemacht, beherrscht im Wortsinn. Dass das Bildthema die Jagd als erste Form der menschlichen Naturbeherrschung ist, kann dabei nicht überraschen.

Bei den Arbeiten für die Landesgartenschau in Löbau stießen die Arbeiter auf einen riesigen vergrabenen Betonklotz. Seine Entstehung und Funktion bleiben rätselhaft. Was ist das? Die Größe eines Autos, die Form rechtwinklig, aber mit gerundeten Ecken, eine Oberfläche wie die Haut eines Elefanten: schrundig zum Teil und zum Teil glatt. Die Falten erinnern an die der Granitmonolithe an der englischen Westküste, die von der Erosion durch Meer und Sand geformt wurden. Aber das ist nichts Natürliches, wie auch immer entstanden, es ist ein von Menschen geformter Artefakt. Man hätte den Klotz

gardens. There are also a number of paths in Tulln: the Tartan Path snakes its way through the show gardens, the Forest Path is set quietly between the trees, and finally the regenerated old branches of the river, enable exploration of the alluvial forests by boat. And in Löbau the path and the sequence of images lining it form the central concept and the main attraction of the show. The path, a means of rendering the landscape accessible by way of walking and observation, is a key concept of the English landscape garden. It is the thread by which the observer is led through a purged, elevated, seemingly ideal landscape. Carefully arranged scenes tell of arcadia, of the pastoral idyll of rustic life. Our landscape is no longer agrarian and certainly no longer idyllic, however, this does not prevent hutterreimann+cejka from making it legible and setting the stage for it. They apply the traditional tools of their profession to describe the landscape and our relationship to it. The mound, folly, and wilderness are also cited and serve the same functions as in the historical landscape garden. Instead of being razed, a shooting range bullet trap in Tulln becomes a viewing point, as the only mound in the plain. It has thus been transformed from an unsightly functional hillock into a successor, rich in allusions, to the Pückler pyramid or the mount in Italian or English Renaissance gardens. In Wernigerode and Tulln, the folly has been given a place of honor, the small building often devoid of any function is set at the end of a path as the focus of a visual axis or of amusing revelry. The wilderness, this uncultivated leftover of wildness, usually enclosed and deliberately left wild, has made a comeback in Wernigerode's little "Magic Wood."

Hill domes covered with lawn recall the waves of the Danube. Marble pillars in a water basin conjure up a conceivednymph's shrine, white tartan cones are reminiscent of the sweet past of the sugar loaves. These are the images with which hutterreimann+cejka tell stories. They may be simple ones like the above-mentioned or complex and disturbing ones, such as, for example, those told by the Tulln "Nature lovers' cabinet" An installation, hard to be outdone in its artificiality, suddenly appears in the middle of the part of the site left in a near-natural state. Among the trees in the alluvial forest a plastic screen, printed with pines and bellowing stags has been mounted as an enclosing fence. Golden stags' heads hang on the posts, the ground has been covered with artificial lawn, and the pine trees are the usual commercial Christmas trees made of plastic. Real friends of nature will feel quite queasy in the face of this artificiality: nature frozen into a scene, plasticized into immutability and completely controllable, literally dominated. It cannot surprise us that hunting, as the initial form of human dominance in nature, is the pictorial theme. During preparations for the garden show, the workers came across a huge, buried concrete block. Its manufacture and function remain a mystery. What is it? The size of a car, rectangular in shape but with rounded edges, a surface like an elephant's hide: partly textured and partly smooth. The folds recall the granite monoliths on the west coast of England, shaped by sand and sea. But this is nothing natural, it was created, it is a manmade artifact. The block could have been blown apart and disposed of in a dump, but hutterreimann+cejka decided to display it in the garden show. On a slightly raised, flat plinth the artificial block is now presented like an errant boulder. The tradition of leaving such large boulders in their location goes back to the days when there were no means to transport them away and they were appreciated as natural elements in a green environment. Many of these rocks were borne far from their original locations by glaciers, thus telling us of the natural forces that shaped the landscape. The concrete boulder in Löbau reminds us of the forces with which man has also formed the landscape. Man becomes a geomorphous power by this analogy. And therein lies the key to understanding these landscape architects.

sprengen und auf einer Bauschuttdeponie entsorgen können, aber hutterreimann+cejka entschlossen sich, ihn in der Gartenschau zu zeigen. Auf einem flachen Sockel leicht angehoben, wird der künstliche Brocken nun dem Publikum präsentiert wie ein Findling. Die Tradition, einen Findling an Ort und Stelle zu belassen, stammt aus einer Zeit, als man nicht die Mittel hatte, so große Steine abzutransportieren, sie aber auch als natürliche Elemente in einer Grünanlage schätzte. Viele dieser Steine waren von Gletscherzungen weit von ihrem Ursprungsort weg verfrachtet worden und sprachen so von der Gewalt, mit der die Natur Landschaft geformt hat. Der Betonfindling in Löbau spricht dagegen von der Gewalt, mit der die Menschen Landschaft geformt haben. Der Mensch wird durch diese Analogie zur geomorphen Kraft. Und darin liegt ein Schlüssel für das Verständnis dieser Landschaftsarchitekten.

hutterreimann+cejka haben die menschgemachte Schicht der Geologie zu einem integralen Bestandteil ihrer Arbeit gemacht. Sie negieren sie nicht, sondern lassen auf dieser obersten Kulturschicht, diesem artifiziellen Humus ihre Interpretationen keimen und wachsen. In den drei Projekten der Landesgartenschauen von Wernigerode, Tulln und Löbau lässt sich dies von der konzeptionellen Grundauffassung bis in die Details der Materialisierung beobachten. Die Bauschutthalde in Wernigerode wird zur Inspiration für die „Recyclinggärten", die Kugelfänge in Tulln werden zur klug genutzten Topografie einer an sich völlig ebenen Landschaft, und in Löbau werden aus den monströsen Zuckerrübenwaschwasserabsetzbecken Horti conclusi, stille Gärten.

Vor diesem Deutungshintergrund wird auch die unkonventionelle Materialwahl verständlich. Artifizielle und natürliche Materialien werden selbstverständlich und gleichberechtigt nebeneinander verwendet. Wenn man den Menschen als

letzte Kraft versteht, welche die Erdoberfläche geformt hat, wird es irrelevant, ob ein Material natürlichen oder künstlichen Ursprungs ist: Blaue Tartanhügel stehen in einem Feld aus Rindenschnitzeln; Gabionen werden verwendet wie Felsbrocken, Kunststoffplanen sind auf Vollholzbohlen gespannt. Es führt kein Weg zurück in die Natur. Oder doch?

Es gibt einen Topos, der in den Arbeiten von hutterreimann+cejka immer wieder erscheint: ein Weg, der abrupt endet und nur den Blick weiterwandern lässt. Mit Vorliebe führen diese Blicke in die Weite der Umgebung. Diese wird so zur „geliehenen Landschaft". Die chinesische Gartenarchitektur liebte diese Idee. Oft gibt es dort solche Wegenden mit Sitzgelegenheiten oder mit einem Pavillon, wo man den Blick in die weite Landschaft schweifen ließ. Diese Orte der Landschaftsbetrachtung sind Sehnsuchtsorte der Flucht aus dem kultivierten Garten in die Ferne. Es ist eine Sehnsucht nach dem Aufgehen in der Natur, wie es längst nicht mehr möglich ist.

In der Landesgartenschau Wernigerode gibt es vier Orte, die von dieser Sehnsucht sprechen. Da ist zum einen das Wegende des „Fishwalks". Er stoppt abrupt am Ufer des letzten Weihers; der Steg wird zur Esplanade verbreitert, und der Blick wandert unweigerlich weiter in die bewaldeten Hügelzüge des Harzes. Zum anderen sind das die drei Stege, die im „Zauberwäldchen" enden, in dieser ganz gemäß den historischen Vorbildern gerahmten Wilderness. Es gibt fast in jedem englischen Landschaftsgarten und in vielen französischen Anlagen Bereiche, die gezielt wild belassen wurden, als Wilderness oder Bosquet. Diese von Menschhand scheinbar unberührten Teile sind Relikte einer unbeeinflussten und damit paradiesischen Natur. Der Zaun macht sie unzugänglich, der Mensch ist für immer aus dem Paradies verstoßen. Das altpersische Wort Paradeiza bedeutet ummauert und meint den von der wilden Umgebung

hutterreimann+cejka have transformed the man-made layer of geology into an integral part of their work. Instead of negating it, they allow their interpretations to germinate and grow upon this uppermost cultural layer, this artificial humus. This can be observed in the three Regional Garden Shows of Wernigerode, Tulln, and Löbau, from the basic concept through to the material details. The building rubble dump in Wernigerode becomes the inspiration for the recycling gardens, the shooting range bullet trap in Tulln became the cleverly exploited topography of a landscape perfectly level in itself, while in Löbau, horti conclusi, tranquil gardens arise from the monstrous sugar beet washing-water basins. The unconventional choice of materials also becomes clear against this background. Artificial and natural materials are used homogeneously side by side, as a matter of course. If one views man as the last force shaping the earth's surface, it becomes irrelevant whether a material is of artificial or natural origin: blue tartan hills stand in a field of bark chippings; gabions are used like clumps of rock, plastic foil is spread over solid wooden posts. No road leads back into nature. Or does it?

There is a topos that appears again and again in hutterreimann+cejka's work: a path that ends abruptly and allows only the gaze to wander on. This gaze usually leads into the distance of the surroundings, so that it becomes a "borrowed landscape." Chinese garden architecture was enamored of this idea. A path often ends with seating or with a pavilion from which you can let your eyes wander over the distant landscape. These points of landscape observation are places of yearning for flight from the cultivated garden into the distance. This is a longing for a blossoming of nature that is no longer possible. Four places tell of this longing in the Wernigerode Garden Show. One is at the end of the Fishwalk Path; it ends abruptly at the banks of the last fishpond; the promenade widens into an esplanade and

the gaze wanders inevitably further towards the wooded hills of the Harz. There are also three promenades that end at the "Magic Forest," in this wilderness framed according to historical models. In almost every English landscape garden and in many French ones there are areas deliberately left wild, as a wilderness or bosquet. These parts seemingly untouched by human hand are relics of an untouched and hence paradisiacal nature. The fencing makes it inaccessible, man is banned forever from paradise. The ancient Persian word "paradeiza" means "walled in," and signifies the cultivated garden area separated from its wild surroundings. A wilderness is the converse of this and mirrors our present: in a world dominated and shaped by man, nature is only available as a relic. Fencing makes a reserve of the place; the promenades in Wernigerode cross this boundary, pushing into the forbidden region for a few yards. They open our eyes to what has been lost and stir our sorrow over the loss of this oneness of man and nature.

However, it does not end there. In the beginning, we merely see a hairline crack. Then water seeps in and freezes. The pressure breaks up the material a little. With the change from frost to thaw, more water penetrates, the crack widens and finally the concrete cover shatters. A seed finds a space and germinates. The root follows the moisture, the shoot seeks the light. At first only grass grows, but soon bushes and trees follow. Here, they are larches: in the same way as on the rubble from a landslide they have settled on the rough concrete block. Now they are the first to re-conquer the human world. Alongside them, the bamboo has spread its roots below the asphalt surface, while birches have formed a grove on the roof tiles of an abandoned barn. The recycling gardens in Wernigerode tell us not only the story of this place, but also of how nature will calmly win back the earth after the end of the human race.

abgegrenzten Bereich des kultivierten Gartens. Eine Wilderness ist die Umkehrung davon und spiegelt unsere Gegenwart: In der vom Menschen beherrschten und überformten Welt ist Natur nur noch als Relikt zu haben. Die Umzäunung macht den Ort zum Reservat; die Stege in Wernigerode überwinden diese Grenze und stoßen ein paar Meter in den verbotenen Ort vor. Sie eröffnen einen Blick in das Verlorene und wecken den Schmerz über den Verlust dieser Einheit von Mensch und Natur.

Aber das ist nicht das Ende. Am Anfang ist es nur ein haarfeiner Riss. Dann dringt Wasser ein und gefriert. Der Druck sprengt das Material ein wenig auseinander. Mit dem Wechsel von Frost und Tauen dringt mehr Wasser ein, der Riss wird breiter, endlich ist die Betondecke gesprengt. Ein Same findet Raum und keimt. Die Wurzel folgt der Feuchtigkeit, der Spross dem Licht. Zuerst sind es nur Gräser, schon bald folgen Stauden und Gehölze. Hier sind es Lärchen; nicht anders als auf dem Schotterfeld eines Steinschlags haben sie sich auf den rohen Betonbrocken angesiedelt. Jetzt sind sie die ersten, die sich die Welt des Menschen zurückerobern. Neben ihnen hat der Bambus seine Sprossen unter Asphaltschollen getrieben, und auf den Dachpfannen einer verlassenen Scheune haben Birken einen Hain gegründet. Die „Recyclinggärten" in Wernigerode erzählen nicht nur die Geschichte dieses Ortes, sie erzählen auch, wie die Natur sich nach dem Ende des Menschengeschlechts die Erde zurückholen wird, in aller Ruhe.

Aber bevor die natürliche Sukzession die Spuren unseres Tuns endgültig verwischen wird, werden wir als letzte Kraft nach Plattentektonik, Vulkanismus und Erosion weiterhin die Landschaft verändern und formen. Dem tragen die Arbeiten von hutterreimann+cejka Rechnung. Die Geschichte der Garten- und Landschaftsarchitektur lässt sich als Pendeln zwischen Künstlichkeit und Natürlichkeit lesen; einmal legte man gerade Achsen und schnitt die Bäume zu Kuben, dann legte man malerisch geschwungene Wege und bevorzugte die natürliche Form der Pflanzen. Aber immer war die Referenzgröße für das menschliche Tun die unveränderte Natur selbst, als Kontrastfolie oder als idealisiertes Vorbild. hutterreimann+cejka gehen darüber hinaus; ihre Sichtweise ist umfassender. Für sie ist der Ort eine Überlagerung aus natürlichen und artifiziellen Spuren, er ist in seiner Ganzheitlichkeit Ausgangspunkt und Referenzgröße. Darin – und in den reichen und poetischen Bezügen zur Geschichte der Profession – liegt das Spezifische ihrer Landschaften.

However, before this natural succession has finally erased all traces of our activity, we will, as the last force after continental drift, volcanism and erosion, continue to change and shape the landscape. The work of hutterreimann+cejka allows for this. The history of garden and landscape architecture can be interpreted as an oscillation between artifice and naturalness; once, straight axes were drawn and trees were cut into cube shapes, then picturesquely winding paths were laid and our affections turned to the natural shape of plants. But the reference point for human action has always been immutable nature itself, as a contrasting foil or idealized example. hutterreimann+cejka go beyond this. Their approach is more comprehensive. For them the place is an overlay of natural and artificial traces, it is point of departure and reference value in all its wholeness. Therein – and in the rich and poetic associations with the history of the profession – lies the specific nature of their landscapes.

Der Weg ist das Ziel

Wege sind das Rückgrat, das zentrale Nervensystem der Landschaft. Sie dienen der Verbindung von Orten, möglichst direkt, um schnell von hier nach dort zu gelangen. Ob als Eroberungs-, Handels- oder Reiserouten angelegt: Menschen und Dinge sollen unumwunden und effektiv durch die Landschaft, die als lästige Distanz zwischen Ausgangspunkt und Zielort angesehen wird, befördert werden. Reisen, in früheren Zeiten oft gefährlich und eine große Strapaze, heute fast ein Kinderspiel – wenn kein Stau herrscht, der Zug pünktlich ist und der Flieger nicht wetterbedingt ausfällt. Dabei spielt der Blick in die Umgebung eher eine Nebenrolle; der Weg als Transporter.

Mit der Wahrnehmung der Landschaft als grandiose, befreiende oder erhabene Kulisse, von Malern in Öl konserviert und von Dichtern schwärmerisch umschrieben, wuchs die Erkenntnis, dass das „Dazwischen" viel spannender ist als das schnelle Erreichen des Zieles. So hat die Fahrt in den Süden – auf Abwegen jenseits der Autobahn – bereits einen Erholungswert, sie wird zur „Entdeckung der Langsamkeit". Auch wenn die Reise damit deutlich länger dauert. Der Weg wird zum Erlebnis und zum Entschleunigungsraum.

Darüber hinaus dient er als „Lesehilfe" für den Spaziergänger, den Flaneur. Durch geschickte Führung entlang wichtiger Punkte entsteht ein Parcours, ein Hindernislauf im besten Sinne, die örtlichen und regionalen Besonderheiten und Charakteristika, historische wie kulturelle „Highlights" erschließend, Stolpersteine am Wegesrand geflissentlich einbindend, „eyes wide open"...

Hinausgehen, vorangehen, vorbeigehen, sich ergehen. Im Gehen erschließen wir uns die Welt, ob durch eine Ausstellung, in der Stadt oder durch Feld und Flur, über Stock und Stein oder einfach ins Blaue. Gehen hält uns in Bewegung, macht den Geist frei, erschließt uns Neues. Gehen ist beruhigend, Gehen ist Auseinandersetzung, Gehen ist anregend, Gehen ist Neugierde.

Paths are the spinal chord, the central nervous system, of landscape. They serve to connect places as directly as possible, to allow rapid passage from here to there. Whether installed as paths of conquest, trade or travel: people and things were to be transported directly and effectively through the landscape, which was perceived to be a bothersome distance between the points of departure and the destination. Travel, frequently dangerous and a huge strain in past times, is today almost child's play – as long as there are no traffic jams, the train comes on time, and the plane isn't cancelled due to bad weather. It doesn't matter so much what the surroundings look like; the path is a transporter.

As landscape came to be considered a grandiose, liberating, or sublime backdrop, conserved by painters in oil and lyrically transcribed by poets, the insight grew that the "in between" is much more exciting than quickly reaching a destination. The journey south – on small off-motorway routes – had its own recreational value, it became a "discovery of slowness." Even if it meant that the journey took considerably longer. The path became an experience and a place of deceleration. It also serves as a "reading aid" for the stroller, the flaneur. A parcours is created through adept guidance along important points, an obstacle course in the best sense, connecting local and regional particularities and characteristics, historical and cultural "highlights." Stumbling blocks on the side of the path, intentionally. Going out, going forward, going by, undergoing.

We connect to the world while walking, whether through an exhibition, in the city or through fields and meadows, over hill and dale or simply into the blue. Walking keeps us moving, frees the spirit, connects us to new things.

Walking is calming, walking is involvement, walking is inspiring, walking is curiosity.

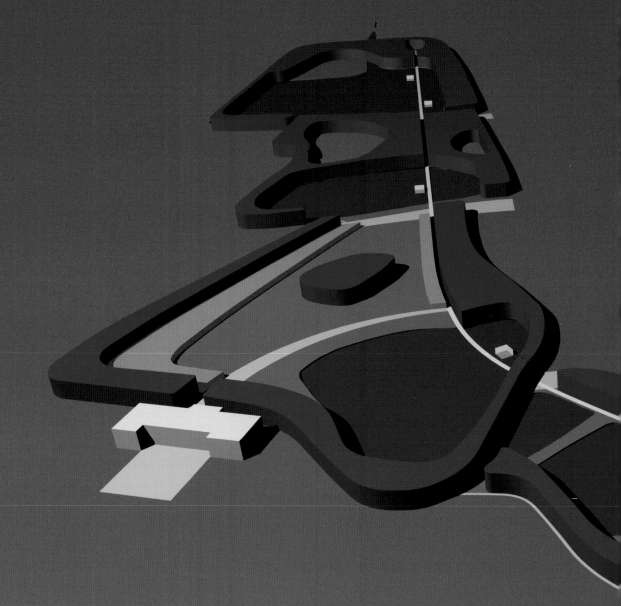

DER FISHWALK VERBINDET DIE TEICHE ZUR TEICHKETTE

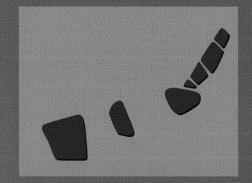
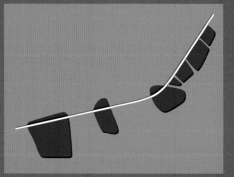

FISHWALK WERNIGERODE | 20-21

Der „Fishwalk", das zentrale Bauwerk der Gartenschau, spannt den Bogen zwischen den bis dahin bezuglos nebeneinanderliegenden historischen Fischteichen. Er wird zum Brückenschlag zwischen Tradition – der Fischzucht – und der Zukunft des Ortes. Der Weg über die Teiche ist ein schwebender Raum, eine geschwungene Linie, ein Spazierweg über dem Wasser. Der „Fishwalk" ist Bewegung, Weitblick, Ausblick und Erschließung zu den Follies und zum Festland, er führt zu den Geschichten der Fischteiche.

Die Intervention des Neuen beleuchtet das Besondere des Ortes und wird zum Ausrufezeichen.

RUNDWEG TULLN | 22-25

Auf einer großen, zentralen Waldlichtung bilden die Lichtungsgärten das Herz der Gartenschau. Einem Setzkasten gleich in einen stabilen Rahmen aus Wegen gefasst, mit Fächern unterschiedlicher Größe aus Holzlamellenzäunen, fungieren sie als flexibles Angebot des Gartenkompetenzzentrums für Gärten unterschiedlicher Größe. Sie können im Laufe der Jahre getauscht, neu gemischt, überformt und weiterentwickelt werden. Durch dieses streng orthogonale Setzkastensystem schlängelt sich mäandrierend der Rundweg aus orange leuchtendem Tartanbelag wie ein roter Faden: Folgt man ihm, sieht man die gesamte Gartenwelt und kann nie verloren gehen.

Er wird auf dem Festplatz betreten. Einem roten Teppich gleich gleitet der Besucher auf dem weichen Grund durch die Ausstellung, durchläuft alle Gärten und landet wieder auf dem Festplatz.

STADTPARCOURS ALZENAU | 26-27

Der neue „Stadtparcours" verbindet die beiden zukünftigen Parks, den „Generationenpark" im Bereich der ehemaligen Kleingärten und den „Energiepark" westlich der Wellpappefabrik. Leicht ansteigend führt der „Stadtparcours" durch den Hauckwald, dann entlang des nördlichen Randes zum Wohngebiet hin und straßenbegleitend weiter über ein großzügiges Platzgelenk hinein in den „Energiepark". Auf dem vorhandenen „Baumplateau" bewegt sich der Weg nach Norden und schiebt sich hinaus als „Balkon zur Kahl" mit Blick in die Flussauen und die umgebende offene Feldflur.

BERG- UND TALPROMENADE LÖBAU | 28-29

Das topografisch anspruchsvolle Gelände der Landesgartenschau Löbau wird über eine neue Wegeverbindung erschlossen. Zur barrierefreien Überwindung des Höhenunterschiedes zwischen „Zuckerplateau" und Tallage wurde das „Schräge Wäldchen" bis zu sieben Meter hoch aufgeschüttet. So entstand eine moderate, kontinuierliche Bewegung vom sanften Abstieg ins Tal bis zur Inszenierung von Enge und Weite in den Blickbeziehungen in den Talraum. Die Promenade schiebt sich zwischen „Schrägem Wäldchen" und „Setzgärten" gerade in die verbleibende Fuge, spielt sich nach dem querenden Eisenbahnviadukt frei und schlängelt sich sanft entlang des Löbauer Wassers, um auf der Löbauer Wiese direkt Richtung Altstadt zu führen.

WERNIGERODE FISH WALK | 20-21

The "Fish Walk," the main structure of the Garden Show, forges a bridge between the historical fish ponds which had previously stood side by side without connection. It becomes a bridge between tradition – fish breeding – and the future of the place. The path over the ponds is a floating space, a curving line, a promenade over the water.

   The "Fish Walk" is movement, foresight, outlook, and connection to the follies and the mainland; it leads to the stories of the fishponds. The new intervention highlights what is special about the place and becomes a point of exclamation.

TULLN CIRCULAR PATH | 22-25

The glade gardens, in a large central forest glade, form the heart of the garden show. Like a seedling tray, clasped in a stabile framework of paths and with compartments of different sizes made of wooden fences, they provide flexible ideas within the Center of Garden Excellence for gardens of all sizes. Over the years they can also be swapped, re-mixed, reshaped, and further-developed. A meandering bright orange tartan-surfaced circular path meanders like a golden thread through this stringently orthogonal seed tray system; if you follow it you see the whole garden world and you can never get lost. It begins at the festival square. As if on a red carpet, the visitor glides through the exhibition on the soft ground, visits all the gardens and ends up back at the festival square.

ALZENAU TOWN PARCOURS | 26-27

The new "town parcours" connects the two future parks – the "Generation Park" near the former allotment gardens and the "Energy Park" to the west of the corrugated paper factory. On a slight ascending slope, the "town parcours" leads through the Hauckwald forest, then along the northern edge towards a residential area and along the street further through a generous open space into the "Energy Park". The path continues northwards on the existing "tree plateau" and stretches out as a "Balcony on the River Kahl" with a view of the floodplains and the surrounding open meadowlands.

LÖBAU MOUNTAIN AND VALLEY PROMENADE | 28-29

A new connecting pathway has made the topographically challenging territory of Löbau Regional Garden Show accessible. The "Slanted Forest" was raised to a height of up to seven meters to serve as a barrier-free negotiation of the height difference between the "Sugar Plateau" and the valley. A moderate, continuous movement from the soft descent into the valley to the orchestration of narrowness and expanse in the views into the valley area has thus been created.

   The promenade just about slips into the leftover joint between the "Slanted Forest" and the "Water Gardens," breaks free after crossing past the railway viaduct and winds softly along the Löbau water, leading across the Löbau meadows towards the old town.

FISHWALK UND FOLLY „WASSERINSEL" WERNIGERODE

RUNDWEG ZU DEN LICHTUNGSGÄRTEN GARTENSCHAU TULLN

WEIDENDSCHUNGEL GARTENSCHAU TULLN: GO PLAY!

STADTPARCOURS ALZENAU

BERG- UND TALPROMENADE LÖBAU

Der Anfang ist gleich mittendrin.

The beginning is right in the middle of everything.

Was ist der Anfang? | What is the beginning?

Everything begins with curiosity, with the search

Alles beginnt mit der Neugierde, mit der Spuren-

for traces of everything that constitutes the place.

suche nach all dem, was den Ort ausmacht.

Themes that awaken interest are found while

In der Annäherung an den Ort finden sich

approaching a place and they lead you

Themen, die das Interesse wecken und zum

to plunge into a place.

Eintauchen in den Ort verführen.

Die Schichten der Geschichte wahrnehmen.

Perceiving layers of history. Tasting a place.

Den Ort schmecken.

The beginning is the place itself: its history,

Der Beginn ist der Ort selbst: seine Geschichte,

its experiences, its development into

seine Erlebnisse, sein Gewordensein zu dem

the specific space, which it is today.

spezifischen Raum, welcher er heute ist.

The place and what is found there are

Am Anfang stehen der Ort und das dort

at the beginning, the search for the unknown,

Vorgefundene, die Suche nach dem Unbekannten,

the hidden.

dem Verborgenen.

Der Versuch der Entschlüsselung der Kodierung,

An attempt to decrypt the encoding,

die Untersuchung der Schnittstellen und Bezüge,

the examination of interfaces and relationships,

Gespräche, Dialog, Diskussionen…

conversations, dialogue, discussions…

Geschichten aus der Au

Der ehemalige Auwaldbereich westlich von Tulln besticht mit seiner einmaligen Insellage zwischen Donau, Großer Tulln und Donau-Altarm und seinen wertvollen zusammenhängenden Baumbestand mit großem Naturerlebnis- und hohem Erholungspotenzial. Die Nähe zur Stadt und zur angrenzenden Messe prädestiniert ihn als Standort einer dauerhaften Gartenschau. Ein ehemaliger Schießplatz mit Kugelfang, zwischenzeitlich als Reitplatz genutzt, wurde zum zentralen Gartenschaubereich. Der dichte, kaum erschlossene Waldbereich entbehrte klarer Orientierung, Blickbezüge zur Stadt und zum Wasser fehlten, die imposante Wasserlandschaft der Donau wurde kaum wahrgenommen, die Potenziale des Ortes blieben ungenutzt.

Zahlreiche im Profil noch vorhandene ehemalige Altarme der Donau waren durch Eindeichungen als Hochwasserschutz trocken gefallen und im Laufe der Jahrzehnte verwildert. Sie sollten zur ökologischen Aufwertung des Auwaldes und für den Bootsverkehr revitalisiert werden.

The former alluvial forest area to the west of Tulln in a unique island location between the River Danube, Greater Tulln, and an old branch of the Danube is captivating; its valuable stock of trees provides true experiences of nature and has much recreational potential. Its proximity to the town and the neighboring trade fair grounds made it predestined to become the location of a permanent garden show. The central garden show area is a former shooting range with a bullet trap, which has also been used as a riding arena in the past. However, in its former state, the dense, barely accessible forest area lacked clear orientation and visual axes to the town and to the water; the impressive Danube waterscape was hardly perceptible leaving the potentials of this place untapped.

Damming for flood protection had led several old branches of the Danube, the traces of which could still be seen, to dry up and become overgrown over the years. The plan was to revitalize them in order to ecologically upgrade the alluvial forest and to make them accessible to boat traffic.

NIEDERÖSTERREICHISCHE LANDESGARTEN-SCHAU TULLN 2008 | 38-43

Der gesamte Auwaldbereich wird zum ruhigen, kontemplativen Naturpark. Die verschwundenen Altarme sind freigelegt, geflutet und zu naturnahen Fließgewässern wiederbelebt. Kanus und Tretboote laden zum feuchtfröhlichen Naturgenuss ein. Lichtungsachsen sind formales Grundgerüst der Au und deren neu eingesetzter Attraktion, der Gartenschau. Sie stellen Sichtbezüge und Verbindungen zwischen Stadt, Messe und umgebender Donaulandschaft her. Die sensiblen Bestandslichtungen sind transformierte Wirtschaftsachsen des Auwaldes. Ausgebildet als Wiesenräume, geben sie Aus- und Einblick und dienen der Erschließung zwischen der Gartenschau und der Donau-Au. Die bunte Gartenpracht findet auf einer vorhandenen Lichtung statt. Die helle, offene Fläche steht im Kon-trast zur Dichte des umliegenden Naturparks.

Von Tulln kommend, wird der Besucher am Vorplatz der Landesgartenschau durch das Eingangsgebäude und die Bootsanlegestelle empfangen. Das Eingangsgebäude ist Besucherzentrum und Restaurant und liegt direkt an einem großen Teich. Die Restaurantterrasse auf der Gartenseite des Gebäudes lädt zur kulinarischen Pause ein. Weiter geht es auf den zentralen Festplatz mit der Waldbühne, die den Auftakt der Gartenschau bilden.

Die Lichtungsgärten auf der großen, zentralen Waldlichtung sind das Herz der Gartenschau. Die Lichtungsachsen werden hier zum Wegesystem und bilden den Rahmen und die Grundstruktur für ein flexibles Angebot von Gärten unterschiedlicher Größe. Ein Rundweg aus orange leuchtendem Tartanbelag verläuft mäandrierend durch die Gärten und geleitet die Besucher zu allen Attraktionen. Transparente Holzlamellenwände fassen die Gartenräume und öffnen sie einladend zu den umliegenden Wegen. Die baumbestandenen Gartenplätze bieten kurze Verschnaufpausen in der Vielfalt der Mustergärten und rhythmisieren den Rundweg.

Im Wald liegt das „Wellenspiel", ein abenteuerlicher Kinderspielbereich mit Tartanfischen, Kletterschiff, verbaubarem Flusslauf und Baumschaukeln.

Ein Baumwipfelweg eröffnet das großartige Panorama der umgebenden Donaulandschaft.

Der ehemalige Kugelfang am Ende des Gartenparcours ist als markantes Bestandselement freigestellt und pyramidal-skulptural modelliert. Über Treppen und Rampen begehbar, bietet er den Rückblick über das Gartenschaugelände.

TULLN REGIONAL GARDENSHOW
LOWER AUSTRIA 2008 | 38-43

The whole alluvial forest area will become a quiet, contemplative natural park. The old extinct branches have been cleared, flooded and revitalized to become near-natural flowing waters. Canoes and pedal boats invite visitors to enjoy wetland nature. Clearing axes form the structural framework of the alluvial forest and its newly-added attraction – the garden show. They provide visual axes and create connections between town, trade fair and the surrounding Danube landscape. The sensitive existing clearings are transformed former service routes from the original alluvial forest. Now converted into lawn areas, they provide views inwards and outwards as well as access between the garden show and the Danube alluvial forest. Bright garden splendor has been created in an existing clearing; this light open area stands in contrast to the density of the surrounding natural park.

When they approach from Tulln, visitors are greeted at the forecourt of the garden show by the entrance building and the marina. The entrance building is a visitor center and restaurant and is situated right beside a large pond. The restaurant terrace to the rear of the building invites to a culinary break. The journey continues to a central festival square with a forest stage, which provides the prelude to the garden show.

The clearing gardens in the large central forest clearing form the heart of the garden show. The clearing axes have become a path system, forming the framework and basic structure for a flexible range of gardens of varying size. An orange tartan-surfaced circular path meanders through the gardens, accompanying the visitor to all of the attractions. Transparent wood lamella walls frame the garden spaces and open them up invitingly to the surrounding paths. The garden spaces with existing trees provide room for a short breather in the diversity of the show gardens as well as giving the circular path a rhythm. The "Wave Game," an adventure play area with tartan fish, climbing ship, blockable river course and tree swings, is situated in the forest. A tree-top path opens up the panorama of the surrounding Danube landscape. The former bullet trap at the end of the garden parcours has been cleared as a prominent original feature and modeled into a pyramidal sculpture. Accessible via stairs and ramps, it provides a view back over the garden show grounds.

Fundstücke

MUSCHEL, WESTIRLAND

KALKTUFFGESTEIN MONO LAKE, KALIFORNIEN

MUSCHELFRAGMENT, RÜGEN

VULKANKIESEL, LA PALMA

46

STAHLRESTSTÜCK, BRANDENBURG

KORKEICHENRINDE, SÜDPORTUGAL

STAHLBAUTEIL, BRANDENBURG

ASTSTÜCKE, WESTKRETA

Vom Sammeln (objets trouvés)

Lange Strandspaziergänge sind für mich immer wieder ein willkommener Anlass, den Blick über Himmel und Meer und die Gedanken weit in die Ferne schweifen zu lassen, den Kopf frei zu bekommen, mich treiben zu lassen … So schön, so einfach und unkompliziert, leicht verständlich und doch unbegreiflich komplex sind die Bilder, die sich im Kopf zu Geschichten verknüpfen. Jedoch, ob sandiger oder steiniger Grund, immer wieder geht der Blick zum Boden, magnetisch angezogen vom Strandgut, neugierig darauf, welche Schätze, insbesondere nach Sturmfluten, hier an Land gespült wurden oder einfach bisher übersehen wurden.

Industriebrachen sind für mich ebensolche besonderen Orte der Entdeckung. Die Rückeroberung ehemals intensiv genutzter, dann brach gefallener Produktionsstätten durch die Natur, der marode Charme des Verfalls und die Patina, die sich auf vorgefundene Gegenstände und Materialien legt – schon immer haben mich besonders diese Überreste menschlicher Produktion angeregt. Auch hier finden sich für mich Objekte, die es zu sammeln gilt.

Steine, Holz, Muscheln, Stahlschrott: Treibgut, Fundstücke, Artefakte? Diese elementaren Dinge faszinieren mich, wahrscheinlich, weil sie einerseits in ihrer Form- und Texturvielfalt unermesslich reichhaltig, immer wieder neu, andersartig, überraschend und unergründlich sind. Andererseits sind sie ganz reduziert, schlicht und ergreifend, einander ähnelnd, sich wiederholend und doch unterschiedlich ausgebildet. Es sind Unikate mit gemeinsamer Herkunft, jedes für sich ein kleines Naturereignis, die Vielfalt in der Einheit.

On Gathering (objets trouvés)

Long strolls along the beach are always a welcome opportunity for me to allow my gaze to wander over sky and sea and my thoughts to float far away, to free my mind, to allow myself to drift the images, which connect in the mind to form stories, are so beautiful, so simple and uncomplicated, easy to understand yet incomprehensibly complex. However, whether the ground is sandy or stony, my gaze always wanders to the ground; magnetically attracted by flotsam, curious to see what treasures have been washed ashore or have simply been overlooked, especially after storm flooding.

Industrial wastelands represent such places of discovery to me. I have always been fascinated by the re-appropriation of places of production that used to be used so intensely and have since become derelict and been taken over by nature; the scruffy charm of dereliction and the patina that spreads over objects and materials found. I have always been fascinated by these leftovers of human production. I also find objects that are worth collecting in such places.

Stone, wood, mussels, scrap metal: flotsam, objects discovered, artifacts? Such elementary things fascinate me; probably because on the one hand they are immeasurably rich in form and diversity of texture; always new, different, surprising and unfathomable. On the other hand they are totally reduced, pure and modest, similar to one another, repetitive yet shaped differently.
They are one-offs from a common source, each one a small natural wonder; diversity within unity.

Großes Kino

Jeder Ort ist Teil seiner Umgebung. Ort und Umraum bedingen sich gegenseitig. Die Landschaft wird als Abfolge von Orten gelesen: die Wahrnehmung einzelner Sequenzen wird zum Film in Echtzeit. Den Grenzen und Übergängen von Ort zu Ort kommt dabei eine besondere Bedeutung zu. Wo endet der Raum, wie weit reicht der Horizont? Was trennt, was verbindet? Was macht den Kontext aus, wo ist Orientierung?

Die ehemalige Schüttgüterinsel in Duisburg war bisher nur von außen erlebbar, war „terra incognita". Jetzt wird sie geöffnet und erlaubt den Blick nach außen, in die grandiose Umgebung mit den Flusspanoramen von Rhein und Ruhr, der Stadtsilhouette, den Hafenanlagen und -kanälen.

Every place is part of its environs. Place and surroundings are mutually dependent. Landscape is read as a series of places: the perception of individual sequences becomes a real-time film. Boundaries and transitions from place to place are given a special meaning. Where does the space end, how far does the horizon stretch? What separates, what connects? What defines the context, where is the orientation?

In the past, the rubble island in Duisburg could only be experienced from the outside; it was "terra incognita." It has now been opened up, allowing people to look from inside towards the outside world, into the splendid surroundings of the Rhine and Ruhr river panoramas, the silhouette of the city, the port facilities and canals.

MERCATORINSEL DUISBURG | 56-59

Der Geist des Ortes liegt in der besonderen Atmos-
phäre der äußeren Umgebung von innen betrachtet
– Ort und Umraum verschmelzen. Mit minimalen Ein-
griffen werden Besonderheiten der Umgebung aufge-
deckt, mit Nähe und Ferne gespielt, basierend auf dem
Bestand. Gleichzeitig wird die Großzügigkeit der Leere
– der freie Blick – die Öffnung und die Offenheit für
die vielfältige, multifunktionale Nutzung inszeniert!

Der „Große Inselweg" setzt die beiden Hälften
untereinander und mit der Umgebung in Beziehung.
Er eröffnet Blickbezüge und Panoramen, lädt mit
Sitzelementen und Sitzstufen zum Verweilen ein.
Eine „Ruderalflur" stellt den sinnlichen Anklang an die
hier in den letzten Jahren nach dem Rückzug der industriellen Nutzung entstandene Pioniervegetation dar.
Eine kleine Prärie, ein wenig Wildwest in Duisburg
bleibt erhalten und entsteht doch neu.

Der zentrale Bereich des Parks bildet, vom Rundweg
eingeschlossen, eine große, offene und multifunktionale Wiesenskulptur, von Ost nach West flach geneigt,
an der Westseite als leichte Böschung, die zum Lagern
in der Abendsonne mit Blick über die Wasserflächen
einlädt. Hier lässt sich spielen, picknicken oder Konzerte genießen ...

Schaut man vom Kanal herüber, verschwindet das
Wasser, entsteht eine optische Täuschung: Der Horizont verschiebt sich, das gegenüberliegende Ufer mit
seinem Baumbestand wird Teil des Parks. So entsteht
ein Spiel mit Ausblicken, Einblicken und Rückblicken,
mit einer großen Offenheit für das Neue: Großes Kino!

MERCATORINSEL DUISBURG | 56-59

The spirit of this place lies in the special atmosphere of its surroundings, when seen from the inside – place and environs melt. Minimal interventions reveal the special features of the surroundings, play with perceptions of near and far, based on what is there. At the same time, the vastness of the emptiness – the open view – , the opening and openness for multifarious, multifunctional uses are orchestrated!

The promenade relates both halves to one another and to their surroundings. It opens up visual relationships and panoramas; seating elements and seating stairs invite people to linger. A "ruderal corridor" constitutes a sensual echo of the pioneer vegetation that has established itself in recent years, since the withdrawal of industry. A small prairie, a bit of the Wild West in Duisburg, remains and has somehow been reborn.

A large, open, multi-functional lawn sculpture, surrounded by a circumferential path, forms the central area of the park. It slopes slightly from east to west; there is a small bank on the western side, inviting people to lie in the evening sun with a view over the water. This is the perfect place for play, picnics and concerts.

Looking over from the canal, the water disappears, your eyes encounter an optical illusion: the horizon shifts to make the trees on the opposite banks become part of the park. Thus, then emerges a play of vistas, insights and retrospection, with great scope for new things to come: Epic Cinema!

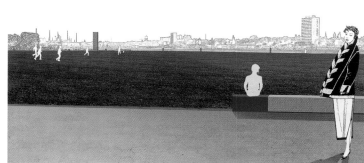

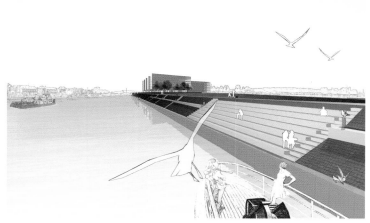

Guten Morgen Berlin

Berlin, Berlin, Nischenstadt, zwischen Gründerzeit und Nachkriegsmoderne, unübersehbar, Industriebrachen und Baulücken, der Himmel über Berlin, ein Fest für die Sinne, große Freiheit.

Berlin, Berlin, immer auf der Suche, nie angekommen, Flächen die nach Besetzung schreien, lauernd auf die Zukunft.

Berlin, Berlin, Stadt ohne Form, und überall Nischen, für das Andere, das Besondere und Exzentrische, auch für das Leise, Zerbrechliche, Normale, Brüche und Kontraste, so weit das Auge reicht.

Berlin, Berlin, niche city, between Wilhelminian era and post-war Modernism, conspicuous, industrial wastelands and empty lots, the heavens over Berlin, a feast for the senses, vast freedom!

Berlin, Berlin, always searching, never arriving, spaces crying for occupation, watching for the future.

Berlin, Berlin, shapeless city, niches everywhere, for the other, the special and eccentric, also for the hushed, fragile, normal; breaks and contrasts, as far as the eye can see.

„Guten Morgen Berlin,
du kannst so hässlich sein,
so dreckig und grau.
Du kannst so schön schrecklich sein,
deine Nächte fressen mich auf.
Es wird für mich wohl das Beste sein,
ich geh nach Hause und schlaf mich aus.
Und während ich durch die Straßen laufe,
wird langsam schwarz zu blau."

Peter Fox, **Schwarz zu blau** auf „Stadtaffe"

"Good morning Berlin,
you can be so ugly,
so dirty and gray.
You can be so wonderfully awful,
your nights devour me.
It would probably be best for me,
to go home and sleep late.
And while I walk through the streets,
black gradually turns into blue."

Peter Fox, **Schwarz zu blau** recorded on "Stadtaffe"

WESTUFERPARK SPANDAU | 66-69

Das Gelände war eine typische Berliner Stadtbrache: zwischen Wohnen, Gewerbe und Havel eingezwängt, am Rande der Stadt, doch mittendrin, die Wasserlandschaft der Havel geflissentlich ignorierend.

Der dreigeteilte, heterogene Stadtraum diente unterschiedlichen Nutzungen: Der Südteil war geprägt durch die „Dämmerfischer" und den Reedereiverband mit verschiedenen Stegen und Anlegern. Ein Steinbildhauer nutzte eine Backsteinremise und den umgebenden Freiraum als Werkstatt und Ausstellungsfläche. In der Mitte war die Hafenanlage mit denkmalgeschützten Speichergebäuden, deren Umschlagflächen bis an die Kaimauer betoniert sind. Das durchgehend gespundete Ufer dient als Schiffsanleger. Im Norden befand sich eine große, verfallene Freibadanlage aus den 1920er Jahren. Im Norden und Süden gibt es offene Wiesenbereiche wie auch stark verwilderte Teile mit einem wertvollen gemischten Altbaumbestand.

Der Westuferpark ist Teil des Entwicklungsgebietes Wasserstadt Oberhavel und damit Teil eines übergeordneten regionalen Fuß- und Radwegenetzes entlang der Havelufer. Die Nutzungen durch die Fischer, den Reedereiverband und den Steinbildhauer verbleiben an Ort und Stelle. Der raue, wilde Charakter der Ruderalbrache bleibt spürbar erhalten.

Eine Uferpromenade verknüpft die drei Teilbereiche untereinander und mit den angrenzenden Stadträumen. Sie passt sich in ihrer Lage den Gegebenheiten an, wird durch Bäume umgelenkt und öffnet sich an charakteristischen Situationen zu platzartigen, terrassierten Aufweitungen mit Sitzstufen zur Havel. Der Mittelteil mit den denkmalgeschützten Speichergebäuden wird mit seiner Ortbetonfläche zunächst temporär in die Uferpromenade integriert, solange die künftige Nutzung der Speichergebäude noch nicht geklärt ist.

Entlang des Weges entsteht stadtseitig ein leichter Saum aus ortstypischen Weiden und Schmetterlingsflieder, vorgelagert eine begleitende Wildstaudenpflanzung in Erinnerung an den ursprünglichen, ruderalen Charakter der Fläche. Entlang der Havel eröffnen großzügige Uferwiesen die Wasserlandschaft.

WESTUFERPARK SPANDAU | 66-69

The area was a Berlin-typical urban wasteland: wedged between dwelling, commerce and the River Havel, on the edge of the city but still in its midst, assiduously ignoring the waterscape of the River Havel.

This tripartite, heterogeneous urban space served various functions: its southern part was characterized by "dusk fishermen" and a boating club with various jetties and piers. A stone sculptor used a brick shed and the surrounding open space as a workshop and exhibition area. The port facility with listed warehouse buildings formed the central part. There was a large decaying nineteen-twenties open air swimming pool complex to the north. There were open meadow areas to the north and south as well as very wild parts with a valuable mixed stock of old trees.

Westuferpark is part of the Oberhavel water city development area and thus part of a super-ordinate regional foot and bike path network along the banks of the River Havel. Its use by fishermen, the shipping association and the stone sculptor will remain exactly where they are. The rough, wild character of this ruderal wasteland tangible. A waterside promenade connects the three parts with one another and with the surrounding urban space. It adapts to the existing situation, leading around trees and opening up in characteristic situations into square-like, terraced widenings with seating steps towards the River Havel. The concrete surface around the central part with monument-protected warehouse buildings has been temporarily integrated into the waterside promenade for as long as the future use of the warehouse building remains undefined.

A light fringe of typical local willows and summer lilac has been established along the path on the side of the city; accompanying wild perennials have been planted in front of it in memory of the original ruderal character of the area. Generous waterside meadows open up the waterscape along the River Havel.

FLOWER POWER

Bilder, Muster, zwei sich schön kreuzende Linien, aber auch die Bewegungen
Pictures, patterns, two lines crossing beautifully, but also movements,
in der Landschaft, aus denen eine Momentaufnahme der Form wird.
in the landscape, of which a snapshot becomes the shape.

Always new places; getting to know the world through an
Immer wieder neue Orte, die Welt vom Ausschnitt her
excerpt. Going right up close, to the previously unknown.
kennenlernen. Ganz nah rangehen an bis dahin Unbekanntes.

Was sind die Inspirationsquellen?
What are the sources of inspiration?

Die Inspirationen sickern langsam und unmerklich durch die
Inspirations seep slowly and unnoticed through the
Gebirge des Alltags wie Regenwasser durch Karstberge.
mountains of the everyday like rainwater through limestone
Bei glücklicher Fügung kommen sie angereichert ans Tageslicht,
mountains. A stroke of good fortune brings them enriched
werden sichtbar, erfahrbar, nutzbar.
to the daylight, they become visible, tangible, useable.

Design inspires, kidnaps, and follows you.
Entwerfen inspiriert, entführt und verfolgt.

Travel = collecting spaces and landscapes.
Reisen = Sammeln von Räumen und Landschaften.

The best ideas come to mind in a high-speed ICE train
Die besten Ideen entstehen im ICE bei Tempo 240,
at 240 km/h, with good music in your ears...
gute Musik im Ohr...

Attack of creativity. Stillness.
Kreativitätsüberfall. Stille.

Zurück in die Zukunft

Jeder Ort lebt von seiner Geschichte und seinen Geschichten, selbst wenn diese durch Überformung oder
Vernachlässigung nicht mehr wahrnehmbar sind. Diese
verborgenen Dinge und Schichten aufzudecken heißt
Geschichten erzählen.

Im Zusammenspiel von Vergangenheit, Gegenwart
und Zukunft liegt die Spannung zeitgemäßer Landschaftsarchitektur.

Every place lives from its history and its stories, even
if transformation and neglect mean that they can no
longer be perceived. Uncovering these hidden things
and layers means telling stories.

The suspense in contemporary landscape architecture
lies in the interplay of past, present, and future.

GARTEN AM MARSTALL, BUNDESGARTENSCHAU SCHWERIN 2009 | 80-83

Der Entwurf bewegt sich auf den Spuren der Geschichte dieses für Schwerin wertvollen Gartendenkmals, die es zu entdecken, zeitgemäß zu interpretieren und auf diesem Wege den Besuchern näher zu bringen gilt. Das historische wie zukünftige Wegesystem dient daher als Rückgrat des Marstallgartens. Die Daueranlage ist in ihrer historischen Qualität bereits zur Gartenschau sichtbar und verbindet – als Kontinuum – Vergangenheit und Zukunft. Die ehemalige „Wadewiese" diente ursprünglich zur Lagerung von Brennmaterial und zum Trocknen der sogenannten „Waden", der Fischernetze. Mit der Verlegung der Residenz von Ludwigslust nach Schwerin im Jahre 1837 war auch der herzogliche Pferdefuhrpark auf die Halbinsel verlegt, in unmittelbarer Nachbarschaft zum Schloss. In Erinnerung an die Fischertradition wird ein überdimensionales, temporäres „Blütennetz" ausgeworfen, in dem sich die Besucher der Gartenschau verfangen können.

Angelagert an den historischen Hauptrundweg ist ein netzartiges Wegesystem, das sich wie ein zum Trocknen ausgelegtes Netz uferbegleitend um die zentrale Rasenfläche schließt. Die Maschen des Netzes sind mit Wechselflorflächen nach dem Motto „Drei Farben Blau" gefüllt. Monochrome und leicht changierende, weiche Farbverläufe geleiten durch das ornamentale Netz der Wege. Die Besucher verstricken sich im Netz der Blüten und finden „Gartenschätze". Als Themengärten umgesetzt in verschlungenen, transparenten Gartenräumen, nach außen weithin sichtbar mit gelben Netzen bespannt, locken sie in ihr geheimnisvolles Inneres. Die blauen Pferde verweisen auf die historische Lage und Nutzung der Fläche als Pferdewäsche und -auslauf.

BESUCHERZENTRUM UND VORFELD FESTUNG EHRENBREITSTEIN | 84-85

Im Rahmen eines Wettbewerbsverfahrens sollte der Festung Ehrenbreitstein in Koblenz ein neues Besucherzentrum zugeordnet werden. Die Anlage wurde von Preußen als geografische Mitte einer von Wesel bis Rastatt reichenden Festungslinie zum Schutz gegen die Angriffe französischer Truppen zwischen 1817 und 1828 errichtet.

Die auf einem Plateau hoch über dem Rhein thronende Festung soll über ein neues Eingangsgebäude nun unterirdisch erschlossen werden. Der sogenannte „Gedeckte Weg" war eine der eigentlichen Festung vorgelagerte Verteidigungslinie im Glacis, dem Schlachtfeld vor der Festung. Er wird als neue Hauptwegerschließung zum „Entdeckten Weg" umgedeutet und führt den Besucher seitlich an der Rheinkante entlang des Plateaus zur Festung. Er verknüpft so die Festung mit dem ehemaligen Schlachtfeld und der Rheinkante. Die Fläche wird von Bäumen befreit, sodass die ursprüngliche Offenheit und Weite zurückgewonnen und die Festungsmauern wieder als Horizontlinie sichtbar wird. Leichte Rasensenken im Glacis zeichnen den historischen Verlauf der unterirdischen Verteidigungsgänge, der Anti-Minengänge nach. „Video- und Audioskope" aus Cortenstahl ragen aus dem unterirdischen Raumsystem der Anti-Minen. In ihnen wird das Schlachtgeschehen vergangener Zeiten wieder erlebbar.

STABLES GARDEN, SCHWERIN NATIONAL
GARDEN SHOW 2009 | 80-83

The design follows the traces of the history of this garden monument, which is so valuable to Schwerin, the brief being to discover it, to interpret it in a contemporary manner and in this way to communicate it to the visitor. Both the historical and future path systems therefore form the backbone of this design. As a permanent complex (in its new use), the Stables Gardens with their historical quality, could already be viewed at the garden show, connecting past and future – as a continuum. The former "seine meadows" originally served storage of fuel and as a place to dry the so-called seines of the fishing nets. When the imperial residence was transferred from Ludwigslust to Schwerin in 1837, the ducal stock of horses was also transferred to the peninsula, right next to the castle. An over-dimensioned temporary "net of blossoms," in which visitors to the garden show could entangle themselves, has been cast out in memory of the fishing tradition.

A net-like path system has been connected to the main historical circumferential path; it encompasses the periphery of the central lawn area, like a net that has been laid out to dry. The mesh of the net has been filled with alternating areas of flowers in keeping with the motto, "three shades of blue." Monochrome and slightly iridescent soft gradients of color accompany the visitor through the ornamental network of paths. Visitors become enlaced in the network of blossoms to discover "garden treasures." Configured as themed gardens in intertwined transparent garden spaces, they have been spanned with yellow nets making them visible from afar; they entice visitors into their secretive interiors. The blue horses mark the historical location and use of the area for horse washing and training.

EHRENBREITSTEIN VISITOR CENTER
AND FOREFIELD FORTRESS | 84-85

A competition was held for a new visitor center at Ehrenbreitstein Fortress in Koblenz. The fortress was built by the Prussians as the geographic center of a fortifying line between 1817 and 1828, which stretched from Wesel to Rastatt, to protect against attacks by French troops.

The fortress, which towers above the River Rhine, is to be made accessible from below ground via a new entrance building. The so-called "Sheltered Path" was a line of defense in the Glacis in front of the actual fortress – the battlefield outside the fortress. As the new main entrance, it will be redefined the "Path of Discovery." It takes visitors laterally along the edge of the Rhine and the plateau to the fortress. It therefore connects the fortress to the former battlefield and the edge of the River Rhine. The area will be cleared of trees, to re-establish its original openness and the vastness of the area; the walls of the fortress will once again become a visible horizontal line.

Slight depressions in the lawns of the Glacis trace the historical path of the underground defense passages, the anti-mine passages. "Video and audioscopes" made of corten steel jut out from the underground anti-mine spatial system. The battles of past times will be made tangible inside them.

Wasserwelten

Innerstädtische Wasserflächen, insbesondere Flüsse und Kanäle, wurden im Laufe der Industrialisierung gerne auf ihre Transport- und Entsorgungsfunktion reduziert und auf diese Weise oft genug als Kloake missbraucht, die Ufer blieben bestenfalls unbeachtet, oft verbaut und unzugänglich. Diese Missachtung führte zur weitestgehenden Abwendung der Stadt und ihrer Menschen vom Wasser und damit zur Vernachlässigung dieser innerstädtischen Wasserlandschaften, und ihrer ungenutzten Potenziale für Freizeit und Erholung. Nachdem diese Missstände in der postindustriellen Ära erkannt wurden, wird die Revitalisierung solcher „waterscapes" nun im städtebaulichen Maßstab vorangetrieben.

Gartenschauen leisten heute einen wichtigen Beitrag zur Revitalisierung wassergeprägter Freiräume. Sie sind ein erfolgreiches Instrument zur Lösung städtebaulicher Problemfelder, ob aus industrieller, militärischer oder sonstiger Nutzung hervorgegangen. Immer häufiger werden vernachlässigte Gewässer und ihre Umgebung zum Schauplatz von Gartenschauen.

Wichtige umweltplanerische Fragestellungen, wie die dezentrale Versickerung des Niederschlagswassers, die Grundwasserneubildung, der Bodenschutz, der Klima- und Biotopschutz sind in diesem Zusammenhang zu klären. Eine besondere Bedeutung erhalten gestalterische Fragen der Aufenthaltsqualität oder der Bewegungslinien am Wasser, also der Rückgewinnung verlorener Räume und ihre Bedeutung für die Stadt und ihre Bewohner. Die Wiedereingliederung der Wasserlandschaften in die Stadt, die Rekultivierung der Landschaft, die Entwicklung von Erlebnisräumen mit regionaler Identität und ihre Inszenierung als Orte der Kontemplation sind die großen landschaftsarchitektonischen Herausforderungen.

Urban waterways, especially rivers and canals, have in the course of industrialization often been reduced to their transport and disposal functions and thus been misused as cesspits, their banks at best neglected and frequently built-up and inaccessible. This neglect led the city and its inhabitants to turn away completely from the water and to the abandonment of urban "waterscapes," and their great potential for recreation and leisure. After these deficits had been recognized in the post-industrial era, the revitalization of such waterscapes was encouraged as a feature of urban planning.

Today, garden shows make a significant contribution to the revitalization of such open spaces characterized by water. They are a successful instrument in providing solutions for problem areas of urban development resulting from industrial, military, or other uses. Neglected waterways and their surroundings are increasingly becoming the focus of garden shows. Important environmental questions such as decentralized rainfall seepage, the replenishment of ground water, soil, climate, and biotope protection must be addressed within this context. Matters of design concerning residential quality and lines of movement along the water and therefore the reclamation of lost space and its significance for the city and its residents become particularly important. Landscape architecture faces the challenges of reintegrating waterscapes into the city, recultivating landscape, developing experimental spaces with a regional character, and orchestrating them as places of contemplation.

FISHWALK + FOLLIES WERNIGERODE | 96-97

Sieben historische Fischteiche nehmen mit 14 Hektar Fläche ungefähr die Hälfte des Gartenschaubereiches ein und sind damit das Grundgerüst des neuen Parks.

Der „Fishwalk" ist das neue verbindende Element der Teiche. Sein glänzendes Lochblechgeländer lässt den Steg als eine geschlosse durchlaufende Linie erscheinen, die in ihrer dynamischen Ausrichtung in starkem Kontrast zu den ruhigen, naturnah anmutenden Wasserflächen steht.

Die Follies sind Wasserstationen, die – als begehbare Architekturen angeordnet – die Teiche und das Unterwasserleben inszenieren. Sie laden die Besucher ein, sich dem Element Wasser zu nähern, und erläutern die Geschichte der Fischzucht.

Den Auftakt im Westen am Köhlerteich bildet das Folly „Fischzucht", ein überdimensionales Sideboard auf einer großen Holzterrasse. Verschiedene Lebensräume der Fische in und um Wernigerode werden mit fachkundiger Unterstützung des Forellen- und Wildfischvereins sowie des Wernigeröder Anglervereins in einzelnen Aquarien dargestellt.

In der „White Box", einem nach außen neutralen, geschlossenen Ausstellungsraum, wird in die virtuelle Unterwasserwelt entführt. In mehreren Tauchgängen wurde die Unterwasserwelt der Harzer Teiche und des Berliner Aquariums gefilmt und künstlerisch aufbereitet.

Wie auf einem Boot wird auf dem Folly „Wasserinsel" das Element Wasser durch einen Wasserfall hautnah erlebbar und gleichzeitig schweift der Blick über das Wasser auf das Wernigeröder Schloss.

Auf dem Folly „Wasseranleger" lässt sich rasten, die Sonne blinzelt über den Teich und die Libellen schwirren um die Wette. Eingebettet in den geschützten Schilfgürtel der Fischteiche liegt der „Scout" mit seinem Fernrohr zur Beobachtung der Tierwelt.

SETZGÄRTEN LÖBAU | 98-99

Die fünf Rübenwaschwasserabsetzbecken im Tal unter der ehemaligen Zuckerfabrik lagen aufgereiht neben dem Flusslauf des Löbauer Wassers. Sie waren eingefasst von rohen, bis zu sechs Meter hohen Betonwinkelsteinen, durchbohrt von Rohrdurchlässen und diversen Löchern, durchbrochen von Schleusen und überspannt von Rohren. Und doch haben die Becken, nachdem sie aus der Nutzung gefallen waren, teilweise mit Wasser gefüllt, teilweise verlandet, einen ganz archaischen Charakter. Sie erinnern an Wasserspeicher in südlicheren Gefilden oder an alte römische Bäder, vielleicht auch, weil an ihrem oberen Ende ein imposantes Eisenbahnviadukt das enge Tal überspannt.

Die Becken bleiben erhalten und werden behutsam zu erlebbaren Wassergärten und Spielräumen, den sogenannten „Setzgärten", transformiert. Eine neue Dotationsleitung zweigt Wasser aus dem Löbauer Wasser ab, um es langsam und kontinuierlich durch die Becken zu führen und es dann wieder an denselben Ort zurückzuleiten. So wird der Wasserstand konstant gehalten und die neuen Wassergärten mit Sauerstoff versorgt.

In den zwei höher liegenden Becken, die bereits trocken gefallen waren, werden besondere Spielbereiche inszeniert: die „Würfelzucker" im Pappelhain und die „Zuckerhüte" im Weidendickicht. Die Beckenränder sind durch Hauben aus rohem Stahl zusammengefasst, die den groben Winkelsteinen nichts von ihrer Rauheit nehmen, ihnen aber durch Transformation eine neue, zurückhaltende Eleganz verleihen. Ein Stahlsteg, der die beiden alten Transportrampen nutzt, um hinunter in die Becken zu tauchen, führt durch die Becken und über das Wasser. Dieser ermöglicht es, in die geschlossene Welt der „Setzgärten" hinabzusteigen, in eine hermetische Welt aus Wasser und Himmel.

Im Zuge der Erstellung des Laufkraftwerks Greifenstein, ab 1981, wurden sowohl an den Donauufern als auch an der Großen Tulln, einem Nebenfluss der Donau, Rückstaudeiche errichtet. Ein Poldergebiet entstand; der ehemalige feuchte Auwald fiel trocken.

Der Auwald sollte sowohl als Teil der Niederösterreichischen Landesgartenschau Tulln 2008 sowie auch zukünftig als ruhiger, kontemplativer Naturpark funktionieren und gleichzeitig für Anwohner und Besucher erlebbar werden. Der Baumbestand blieb zusammenhängend erhalten. Im Profil noch vorhandene, jedoch trocken gefallene und verwilderte Donaualtarme wurden freigelegt und renaturiert. Ziel der Revitalisierung war die konfliktfreie Verknüpfung von Naturschutz und Erholungsnutzung. Im Verlauf bestehender und historischer, wiederhergestellter Altarme entstand ein zusammenhängendes, mit Kanus und Tretbooten erlebbares Wasserwegenetz. Abwechslungsreiche, naturnahe Ufergestaltung, steile und flachere Uferabschnitte, Buchten und Sumpfzonen bieten vielfältige Lebensräume für Tiere und Pflanzen.

Der Bootsrundkurs ist eine der ökopädagogischen Hauptattraktionen des Gesamtveranstaltungskonzeptes der Gartenschau. Aus diesem Blickwinkel erschließt sich der romantische Auwald, in seiner ganzen natürlichen Vielfalt, neu. Die Natur wird direkt und unmittelbar vom Wasserniveau aus erlebbar. Mit seinen zwei Bootsanlegestellen – eine direkt in Stadtzentrumsnähe an der Donaulände, die andere direkt beim Eingang des Gartenschaugeländes – stellt der Rundkurs auch eine einladende Verbindung zwischen der Stadt Tulln und der Gartenschau dar.

Die Wege entlang der Großen Tulln, der Donau und des Aupfades übernehmen die terrestrische Besucherlenkung im Auwald, decken die ökologischen und ästhetischen Qualitäten der Landschaft auf und schützen gleichzeitig die sensiblen, ökologisch wertvollsten Bereiche vor unerwünschtem Zutritt. Die „Scouts", geschützte Naturbeobachtungsstationen, eröffnen das Naturerlebnis am Altarm und an der Alten Tulln.

Das erweiterte Wasserwegenetz wird wie bisher mit Wasser aus der Großen Tulln dotiert und über ein bestehendes Pumpwerk in die Donau abgepumpt. Bei Hochwasser werden die Schieber geschlossen, um einen Eintrag von Schwebstoffen aus Großer Tulln und Donau zu verhindern. Durch die zusätzliche Dotation wird in allen neuen Gerinnebereichen eine verbesserte Wasserqualität erreicht. Der Wasserspiegel wird geringfügig, im Durchschnitt um circa zehn Zentimeter, angehoben. Schwankungen bis 30 Zentimeter sind möglich. Die Wasserwege liegen bis zu drei Meter unterhalb des umliegenden Geländes, eine Wassertiefe von einem Meter als Grundwasserspiegel wird sichergestellt, ihre Breite liegt bei mindestens fünf Metern.

Die Gesamtlänge der neuen Wasserwege beträgt zwei Kilometer, ihre Fläche einschließlich der Uferböschungen etwa 3,3 Hektar, der dafür notwendige Bodenaushub betrug circa 95.000 Kubikmeter. Der neue Bootsrundkurs hat eine Gesamtlänge von vier Kilometern.

Die Ufer der Wasserwege wurden mit roh aufgerissenem Boden und unregelmäßiger Uferausbildung auetypisch und naturnah hergestellt. Die durchschnittliche Böschungsneigung beträgt 2:3. Aufgrund der geringen Fließgeschwindigkeiten und der nicht vorhandenen Hochwassergefahr sind Erosionssicherungen an den Ufern nicht notwendig. Ohne vorherigen Auftrag von Oberboden wird auf die Uferböschung mittels Spritzbegrünung eine auf den Standort abgestimmte und vor Ort gesammelte Saatgutmischung mit Gräsern, Kräutern und Wiesenblumen aufgebracht, die sich zu einer standortgerechten Wiesenböschung entwickelt.

Prallufer erhalten als Erosionsschutz zusätzlich eine Ufersicherung mit Weidenspreitlagen. Diese entwickelt sich innerhalb weniger Monate zu einer dichten Strauchvegetation. Außerdem sind Pflanzbuchten mit Sumpf- oder Wasserpflanzen ausgebildet, die durch Buhnen abgeschirmt werden. Hier ziehen typische Sumpfgräser und -stauden die Blicke der Besucher auf sich.

FISH WALK AND FOLLIES IN WERNIGERODE | 96-97

Seven historical fishponds, with an area of fourteen hectares, occupy about half of the garden show site and thus form the basic structure of the new park. The "Fish Walk" is a new connecting element of the ponds. Its shining perforated metal balustrade gives the promenade the character of an enclosed continuous line, whose dynamic arrangement stands in stark contrast to the tranquil, natural stretches of water.

The follies are water stations that – arranged as walkable structures – orchestrate the ponds and their underwater life. They invite visitors to approach the element water and provide information on the history of fish farming. The Fish Farm folly at the Köhler Pond, an oversized "sideboard" on a large wooden terrace, starts everything off. Various living spaces of the fish to be found in and around Wernigerode are displayed in individual aquariums, and with the professional support of the Trout and Wild Fish Association. In the "White Box," an outwardly neutral exhibition room, the visitor is spirited into a virtual underwater world. The underwater life in the Harz ponds and the Berlin Aquarium was filmed in several dives and then artistically edited.

As if on a boat, the Water Island folly shows the element water at close hand in a waterfall, while at the same time the gaze wanders over the water to Wernigerode Castle. You can rest for a while on the Water Mooring folly as the sun glistens upon the waters of the pond and dragonflies skim over its surface.

The "Scout," with its telescope for studying the animal world, lies embedded in the protected belt of reeds around the fishponds.

WATER GARDENS IN LÖBAU | 98-99

The five basins for washing sugar beets in the valley below the former sugar refinery lay in a line beside the Löbau Wasser river course. They were cased in by rough concrete cornerstones of up to six meters in height, perforated by pipe outlets, various holes and sluices and covered over by pipes. However the basins, had quite an archaic character after falling out of use, partly filled with water and partly silted up, They are reminiscent of water reservoirs in southern climes, or ancient Roman baths. Perhaps this was also because an imposing railway viaduct spans the narrow valley at their upper end.

The basins have been conserved and are being carefully transformed into water gardens and play areas, the so-called water gardens. A new feeder pipe diverts water from the Löbauer Wasser to lead it slowly and continuously through the basins and back to the source again. In this way the water level remains constant and the new water gardens are nourished with oxygen. Special play areas will be established in the two higher basins, which had already dried out – the "Sugar Cube" in the poplar grove and the "Sugar Loaves" in the willow thicket. The basin rims are framed by rough steel casing that detracts in no way from the roughness of the coarse cornerstones, but lends them a new, reserved elegance. A steel walkway which uses the two old transport ramps to submerge down into the basins leads through them and over the water. This enables descent into the enclosed world of the water gardens; into a hermetic world of water and sky.

REVITALIZATION OF THE OLD RIVER BRANCHES IN TULLN ALLUVIAL FOREST | 100-103

Backwater dykes were built following the construction of the Greifenstein river power plant, on the banks of the Danube as well as on the Grosse Tulln (a tributary of the Danube) from 1981. A polder area was thus created and the former alluvial forest ran dry. Tulln alluvial forest was to become part of the Lower Austrian Regional Garden Show in Tulln as a tranquil, contemplative nature reserve, while at the same time being enjoyed by local people and visitors. The stock of trees was maintained in its entirety. Old river branches of the Danube, the traces of which were still recognizable, although they had dried up and become overgrown, were cleared and returned to nature. The aim of this revitalization was frictionless combination of nature protection and leisure activities. A network of waterways was created within the framework of existing historic, restored old river branches, which could be experienced in canoes or paddle-boats. Multi-faceted, near-natural waterside design, steep and level riverside areas, inlets, and bogs provided living conditions for animal and plant life. The boat tour is one of the main eco-educational attractions of the general design concept of the Regional Garden Show. Against this background the romantic alluvial forest has again attained its full natural diversity; nature is there to be experienced at first hand, from the water level. With its two boat-mooring points – one right in the town center on the banks of the Danube and the other right by the entrance to the garden show – the boat tour provides an inviting link between the town of Tulln and the garden show. The paths alongside the Grosse Tulln, the Danube and the alluvial path guide visitors through the alluvial forest, expose the ecological and aesthetic qualities of the landscape and at the same time protect the most sensitive and ecologically valuable stretches from undesirable intrusion. The "Scouts" – protected nature observation stations – offer the experience of nature on the old river branch and the Alte Tulln.

The extended waterway network is still fed by water from the Grosse Tulln and pumped off from an existing pumping station on the Danube. At times of flooding the sluice gates are closed to prevent the entry of impurities from the Grosse Tulln and Danube. Better water quality has been achieved in all of the new stretches of channel through the additional feeding. The water level has been slightly raised by about ten centimeters; deviations of up to thirty centimeters are possible. The waterways are up to three meters below the level of the surrounding land, a water depth of one meter from ground-water level is guaranteed, while the waters are at least five meters wide. The total length of the new waterway is two kilometers, it covers some 3.3 hectares in area and approximately 95,000 cubic meters of soil were excavated. The new boat tour is a total of four kilometers in length.

The banks of the waterways were formed to have the natural-looking, roughly shaped profiles and irregularities typical of alluvial forests. The average riverbank incline is 2:3. Protective measures against erosion are unnecessary due to the slowly flowing water and the absence of any danger of flooding. By way of spray planting and without spreading any topsoil, a mixture of seeds collected on site, with grasses, herbs and meadow flowers, has been sown to produce a riverbank meadow in harmony with its surroundings.

The outer banks at river bends are additionally protected from erosion by planting rows of willows. These develop into dense bush vegetation after a few months. There are also little "coves" that are protected by jetties and are full of bog and water plants. Typical marsh grasses and bushes attract the visitor's attention here.

SETZGÄRTEN LÖBAU

REVITALISIERTE ALTARME IM AUWALD TULLN

Herausschälen der Schichten der Geschichte, Entdecken

    Peeling off the layers of history, discovering, reanimating

und Reanimieren ihrer Fundstücke und Aufbrechen in

    its elements and taking off into a new writing of history.

eine neue Geschichtsschreibung.

Wie wirkt der Ort? Was macht die Geschichte mit dem Ort?

What effect does the place have? What does history do with a place?

Die gestaltete Landschaft ist ästhetischer, funktionaler

    Designed landscape is aesthetic, functional,

und symbolischer Raum. Die Eigenarten des Ortes und

    and symbolic space. The characteristics of the place and

sein regionaler Kontext sind konsistenter Bestandteil der

    its regional context are consistent components of design

Entwurfsarbeit. Und doch ist das nichts ohne eine neue

    work. And yet, that is nothing without a new story,

Geschichte, die behutsam weiterschreibt oder auch eine

    which sensitively picks up on history or a vision,

Vision, die mutig in die Zukunft zeigt.

    which courageously shows the way to the future.

Der Ort und seine Geschichte sind Anfang und Endpunkt,

A place and its history represent the point of departure and arrival,

Basis und Nebenschauplatz, dringender Appell und

basis and side show, urgent appeal and admonitory word.

mahnendes Wort. Er ist belanglos und bedeutungsschwanger,

It is trivial and heavy with meaning, overloaded and vacuous,

überfrachtet und nichtssagend, auratisch und verheißungsvoll,

auratic and auspicious, static and dynamic, dead or alive,

statisch und dynamisch, tot oder lebendig, alles und nichts.

everything and nothing. The greatest challenge of the task at hand.

Die größte Herausforderung der Aufgabenstellung.

Die Auseinandersetzung mit dem Ort und seinem Kontext ist das

Addressing a place and its context are the material of departure,

Ausgangsmaterial, die Grundvoraussetzung für eine sinnvolle Entwicklung

the basic prerequisites for meaningful development and planning.

und Planung. In manchen Fällen diktiert die Geschichte des Ortes fast schon

In some cases the history of a place almost inevitably dictates its "theme."

zwangsläufig sein „Thema". Manche Orte benötigen ganz neue Ideen.

Some places call for totally new ideas.

Gewohnt Ungewohnt

Wohnen ist ein Stück Heimat. Ein erfülltes Zuhause gibt Lebensfreude, Zufriedenheit, Stabilität und Sicherheit. Konzepte dafür zu realisieren wird zukünftig die steigende Herausforderung sein. Vorbild dazu ist der soziale Wohnungsbau in Wien und dessen Leitgedanke: Luft, Licht und Sonne für jeden, was heute übersetzt heißt: Intelligente Planungsstrategien, energieneutrale Bauformen, flexibel gestaltbare Wohnungen, generationenübergreifendes Wohnen in sozialer Durchmischung und Wohnen im Außenraum. Sozial nachhaltige Wohnkonzepte sind Werbung und Selbstläufer in der Vermarktung. Ihre Umsetzung kann Architektur alleine nicht bieten, qualitätssichernd wirkt die Organisation und Gestaltung des Wohnumfeldes. Empathische Raumkompositionen, die das Funktionsprogramm bereichern, Landschaft und Gärten als Träger für Gemeinschaftsbildung, Fürsorglichkeit und Heimat sind landschaftsarchitektonisches Programm.

Dwelling is a piece of home. A fulfilling home creates lust for life, contentedness, stability, and security. One of the increasing future challenges will be to realize concepts that adhere to this. The role model for this is social housing in Vienna and the ideas behind it: air, light and sun for everyone, which translated to today's terms means: intelligent planning strategies, flexible apartments, socially heterogeneous mixed-generation dwelling and an outdoor life. Socially sustainable dwelling concepts advertise well, they are self-sellers in the marketing world. Architecture alone cannot achieve this; the organization and design of residential environments guarantees quality. Our landscape architectural programs consist of empathetic spatial compositions to enrich functional programs; landscape and gardens sustain community building, solicitude, and home.

GEMEINSCHAFTLICHER HOF MIT MIETERGÄRTEN IN DER WOHNANLAGE SEITENBERGGASSE WIEN

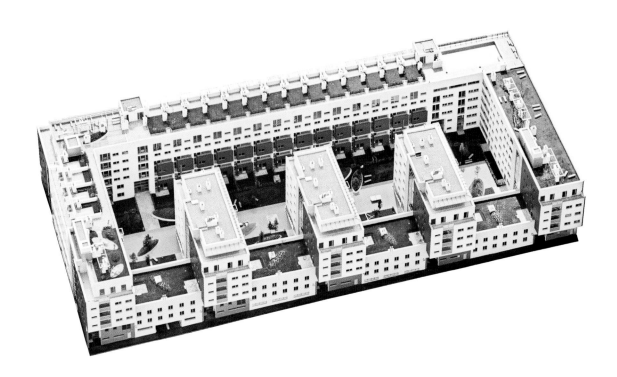

Die Blockrandbebauung ist eine optimale Flächenausnutzung mit flexiblen Wohnungsgrundrissen, gemischten Wohnungstypen und Finanzierungsformen. Die Außenräume, ein kammförmiger Hofgrundriss und die Dachflächen bieten private Gärten für alle Wohnungen. Gemeinschaftsflächen verbinden die Außen- und Innenräume, Aneignungsflächen für Kinder und Junggebliebene sind die verbindende Mitte im Hof sowie Sitz- und Liegeinseln auf den Dächern mit Weitblick über die Stadt.

Ein lineares Flächensystem ist funktionales Gerüst des Freiraums. Das zentrale Tartanband verbindet die Baukörper und Erschließungen in den Hof. Wiesenstreifen puffern beidseitig, die mit geschnittenen Hainbuchen gesäumten Privatgärten. Emotionales Kontra wecken die elliptischen Inseln; sie sind Vegetationsinseln, Spielhügel oder Sitz- und Liegeflächen. Ihre Anordnung setzt Teilräume. Die Vegetationsinseln holen den nahgelegenen Wienerwald in die Wohnhausanlage. Baumgruppen aus Hainbuchen und Föhren und blühender Unterwuchs evozieren den Waldgarten.

Herr M. ist Programmierer für Logistiksysteme, seine Freundin wird bald einziehen in die luxuriöse Dachwohnung. Sie beide sind eher Stubenhocker, waren froh über die Bepflanzungstipps für ihre Terrasse, weil sie nicht viel Zeit für Gartenpflege haben. Den Ausblick auf die schönen Gärten der Wohnanlage genießen sie aber sehr und den gräserwogenden Saunagarten am Holzdeck, nach dem Fitnesstraining und der hauseigenen Sauna. Am Abend trifft er sich wöchentlich mit anderen Hausbewohnern zum Skat auf der rosa Sitzinsel unter den rotlaubigen Zierapfelbäumen; die duften so gut. Dort ist es tagsüber auch nicht so heiß, dass andere Bewohner auch mal gerne zum gemeinsamen Mittagessen hinaufziehen.

Frau K. ist Single und pensionierte Behindertenbetreuerin. Frau K. wohnt erst seit Kurzem in der Anlage. Für sie ist das Wohnen hier wie früher in den Urlaub fahren und sich ein gutes Appartement gönnen. Sie genießt es jeden Morgen im Schwimmbecken am Dach ein paar Längen zu ziehen, danach unter der Wein- und Kiwilaube auszuschnaufen, als Belohnung von den Vegetationsinseln einige Erdbeeren oder Johannisbeeren, je nach Saison, zu stibitzen, um sich dann auf der Liegewiese mit Blick auf den Wienerwald mit einem guten Buch zurückzuziehen. Frau K. gefällt es, in dieser Anlage verschiedenen Menschen zu begegnen, auch mal eine Gartenparty zu feiern oder Orte zu finden, um alleine im Freien zu sein.

Herr S. ist Familienvater, serbischer Immigrant und Lagerarbeiter. Herr S. wohnt mit seiner Frau und jetzt zwei Kindern, als einer der vielen Erstmieter, im Erdgeschoss mit kleinem Privatgarten. Seine Frau ist auch wieder berufstätig, dennoch kocht sie gerne. Auf den kleinen Küchengarten mit besonderen mediterranen Gewürzstauden ist sie sehr stolz, das Kaninchen der Kinder im Auslaufstall nebendran schnüffelt neidisch. Das Sitzpodest im Anschluss an die Wohnküche ist in Dauernutzung, zum Spielen, zum gemeinsamen Essen, im Winter als Abstellfläche. Heute Nachmittag gibt's ein Kinderfest im Hof, dazu werden die gläsernen Wände der Gemeinschaftsräume geöffnet, damit die Kleinen quer über den ganzen Hof flitzen können. Highlight ist dabei immer noch den Parcours aus steilem Ellipsenhügel mit der coolen Rutsche und die glänzenden Balancierstäbe abzulaufen. Die Kinderspielbereiche sind praktisch von allen Wohnungen einsehbar. Lieblingstreffpunkt der Kleinsten ist die Sandkiste, hier wird schon mal der Bagger oder der Zementmischer über Nacht geparkt, um am nächsten Tag auch ja noch einen Buddelplatz reserviert zu haben. Die Eltern sitzen derweilen in regen Debatten zwischen den üppig blühenden Vegetationsinseln im Schatten der Hainbuchen und Föhren, Wienerwaldinseln heißen sie, und lassen sich die eine oder andere Limonade über den Gartenzaun reichen.

Die Gärtner der Anlage unterstützen sie mit Rat und Tat.

WOHNEN AM CAMPUS, BERLIN ADLERSHOF | 116-117

Im neuen Quartier entsteht ein Gemeinschaftsfreiraum, der Anger. Verschobene, verschränkte Pflanzbeete sind die Raumgrenzen und umschließen zwei miteinander verbundene Platzflächen. Das Außen wird zum Innen. Die hellen Sitzmauern lassen die pflegeleichten blühenden Hochbeete schweben. Gerne lassen sich die BewohnerInnen hier nieder, treffen einander. Es ist ein kommunikativer Ort abseits der Straßen.

ULLSTEINSTRASSE BERLIN | 118-119

Nach Abschluss der energetischen Sanierung einer Wohnanlage aus den 1960er Jahren sollte der, in die Jahre gekommene, Innenhof ein neues Gesicht mit einladendem Charakter für die Bewohner erhalten. Im Zentrum des Hofes wird ein neuer „Gartenraum" ausgebildet. Holzwände mit farbigen markierten Fensteröffnungen begrenzen den „Raum im Raum", schaffen Intimität und erlauben gleichzeitig den Blick nach „außen". Ein Spiel der Blickbezüge entsteht.

Eine farbenprächtige Blühstaudenpflanzung bietet – im Wechselspiel sonniger und schattiger Sitzplätze - eine einladende, hohe Aufenthaltsqualität. Der „Gartenraum" überbrückt den durch eine Parkgaragenzufahrt geteilten Innenhof.

114-115

Perimeter block buildings provide optimal land occupancy, flexible ground plans as well as diverse apartment types and finance packages.

The outside spaces – a comb-shaped courtyard and the roof surfaces – provide private gardens to all of the apartments with access to the courtyard or a roof. Communal areas, the connecting center of the courtyard as well as sitting and lounging areas on the roofs link interior and exterior spaces. The latter provide views over the city and spaces for children and the young at heart to enjoy.

The functional framework of the open space is formed by a linear system of areas. A central tartan ribbon connects the building volumes and access areas in the courtyard. Strips of lawn buffer both sides of the private gardens, which have been edged with cropped hornbeam trees. Elliptical islands add emotional contrast; they serve as vegetation islands, play hills or seating and lounging areas. Their positioning creates subspaces. The vegetation islands set a piece of the nearby Vienna Woods into the residential complex. Groves of hornbeams and pines as well as blooming undergrowth evoke a forest garden.

Mr M. is a logistic systems programmer; his girlfriend will soon move into his luxurious penthouse with him. They both tend to be more the stay-at-home types; they gratefully receive planting tips for their terrace because they don't have much time to take care of a garden. They very much enjoy the view onto the beautiful garden of the complex and the billowy grasses of the sauna garden around the wooden deck behind the gym and the in-house sauna. Mr M. meets other residents of the complex once a week for a game of cards under the fragrant, red-leafed crabapple trees. Other residents also like to go up there for lunch together as its not that hot during the day.

Miss K. is single and a retired carer for the handicapped. Miss K. has not lived in the complex for very long. To her, living here is like going on holiday used to be, when she would treat herself to a nice apartment. She enjoys swimming a few lengths in the roof-top swimming pool in the morning before catching her breath under the vine and kiwi arbor. Depending on the season, she treats herself to strawberries or blackcurrants from the vegetation islands before retiring with a good book to the lawn, which has a view of the Vienna Woods. Miss K. appreciates the diverse people, the potential of meeting them in the complex and to have a garden party every now and then or to find places to be alone in the open air.

Mr. S. is a family man, a Serbian immigrant and a storekeeper. Mr. S. lives here with his wife and now two children, as one of the first tenants on the ground floor with a private garden. His wife has gone back to work but she still enjoys cooking. She's very proud of the small kitchen garden with special Mediterranean herb bushes; the children's rabbit sniffs it enviously from his run alongside it. The seating platform that connects to the kitchen-living room is always in use, for play, family meals and as storage space in winter. There is a children's party in the yard this afternoon; the glazed doors of the communal spaces will be opened up so that the little ones can dart around the whole courtyard. The highlight for them is doing the parcours of a steep elliptical hill with a cool slide and shiny balancing bars. The children's play areas can be seen from practically every apartment. The smallest prefer to meet in the sand pit, where diggers and cement mixers are sometimes parked over night to reserve a digging place for the next day. In the meantime, the parents sit in lively debate among the lavishly blossoming vegetation islands in the shade of the hornbeams and pines; "they're called Vienna Wood Islands," as they pass a lemonade or two over the garden fence.

The gardeners of the residential complex support them with help and advice.

LIVING ON CAMPUS, BERLIN ADLERSHOF | 116-117

"The Green" will be the common open space in this new district. Stepped, intertwining flowerbeds form its spatial boundaries; they surround two connected open areas – outside becomes inside. Light-colored seating walls make the low-maintenance, blossoming raised beds seem as if they are floating. The residents like to sit down or to meet each other here; this is a communicative place away from the streets.

ULLSTEINSTRASSE BERLIN | 118-119

After the completion of the energy-efficient refurbishment of a nineteen-sixties residential complex, the ageing interior courtyard was to be given a facelift, making it more inviting to its residents. A new "garden space" will be formed at the center of the yard. Wooden walls with colored window openings border the "space in a space," create intimacy and simultaneously provide views to the "outside." A play of visual relationships is created.

Flamboyant flower bushes generate invitingly high amenity value – with interplay of sunny and shady seating areas. This "garden space" bridges the interior courtyard, which is split by the entrance to a parking garage.

WOHNEN AM CAMPUS ADLERSHOF

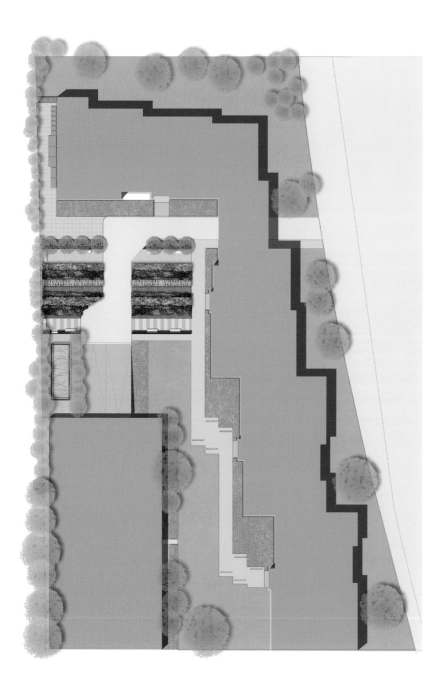

Hart im Nehmen

Große Liebe öffentlicher Raum: hart im Nehmen, stark im Auftritt, einer zum Herzeigen, beständig, selbstbewusst.

Robust, unkaputtbar, mehrfunktional, aneigenbar und repräsentativ – das soll der städtische öffentliche Raum sein. Je enger die Stadt, desto notwendiger, schneller, gleichzeitiger: die citymark und die temporär nutzbare Nische, die grüne Oase und das bespielbare Pflaster, das Volksfest und der geheime Treff.

Starke Strukturen, einfache Elemente, geringe Pflege und soziale Offenheit sind das Funktionsprinzip.

Big love public space: a survivor, punches beyond its weight, someone to be proud of, steady, self-confident.

Robust, indestructible, multifunctional, adaptable, and representative – that's what urban public space should be. The denser the city, the more necessary, the quicker, the more simultaneous; the citymark and the temporarily useable niches, the green oasis and the playable surface, the carnival and the secret meeting.

Its functional principles are strong structures, simple elements, low maintenance, and social openness.

KULTURPARK OBERWART | 124-125

Der alte Stadtpark liegt im Herzen der Stadt. Er ist
jetzt ein repräsentativer Park, Markt- und Festplatz,
eine Ausstellungshalle unterm Kastaniendach und
Eventfläche. „Gestern – Morgen – Heute, Alle unter
einem Dach" fasst die unterschiedlichen Bereiche
und Aktivitäten als einen erlebbaren Raum zusammen. Gestern: die monumentale Gedenkstätte mit
vorgelagertem Wiesenplatz und lebendigem Wasser-
spiel, einladend zur Hauptstraße gerichtet. Morgen:
geschützt zwischen altem anmutigen Baumbestand
der Spielplatz, ein Wasserparcours zum Planschen
und Graben sowie Kletterhäuser, die bis in die mäch-
tigen Baumwipfel ragen. Heute: der städtische Park
– der im Alltag mit seinen jahreszeitlich wechselnden
Staudenstreifen lockt – in dem es erlaubt ist, Stühle
und Bänke je nach Laune zu gruppieren – sofern noch
welche frei sind. An besonderen Tagen ist hier Platz für
Kunstausstellungen, Weihnachtsmarkt, Musikevents,
Wahlveranstaltungen, im Winter wird er zum Eislauf-
platz. Ein Park, der Platz ist, wo alle gerne öffentlich
leben, wo die Stadt zur Stadt wird.

   „Gestern – Morgen – Heute" verschränken sich über
Wege und eingelagerte befestigte Plätze.

ESPLANADE WIENERBERGCITY | 126-127

Miscanthusstreifen liegen quer zu den flankierenden
Bauteilen. Dazwischen flimmert ein textiles Muster aus
hell- und dunkelgrauen Betonsteinen. Das Gewebe aus
linearen Gräserbeeten und pixeligem Pflastermuster
schiebt sich unter die Gebäude. Für die Bewohner ist
er alltägliche Erschließung, der Wirt eröffnet seinen
Gastgarten zwischen den Miscanthusbeeten, junge
Liebespaare tauchen in die Sitznischen dazwischen ab.
Der Freiraum ist Träger dieses Stadtteils.

OBERWART CULTURAL PARK | 124-125

The old municipal park is located at the heart of town. It is now a representative park, market and festival ground, an exhibition hall under a covering of chestnut trees, and an event area. "Yesterday – tomorrow – today, all under one roof," consolidates the most diverse areas and activities to form a lively space. Yesterday: monumental memorial with frontal lawn area and a gushing fountain; invitingly oriented towards the main traffic axis. Tomorrow: sheltered between old graceful playground trees, a water parcours for paddling and digging, and climbing frames that stretch up into the almighty treetops. Today: the town park, whose seasonally changing strips of perennials lure people in during their everyday lives, where seats and benches can be grouped together as desired – as long as they are not all occupied. On special days the square is used for art exhibitions, Christmas markets, music events, election rallies and it becomes an ice-skating rink in winter. A park is a place where people like to live publicly, where the town becomes a town. Yesterday – tomorrow – today intertwine through paths and inlaid paved squares.

WIENERBERGCITY ESPLANADE | 126-127

Strips of miscanthus have been placed at right angles to the adjacent building volumes. A textile pattern of light and dark gray concrete stones flickers in between. A mesh of linear grass beds and pixilated plaster pattern slips under the building. This is everyday access to its residents, the publican opens up his beer garden between the miscanthus beds, young lovers disappear into the seating corners in between. Open space holds this part of town together.

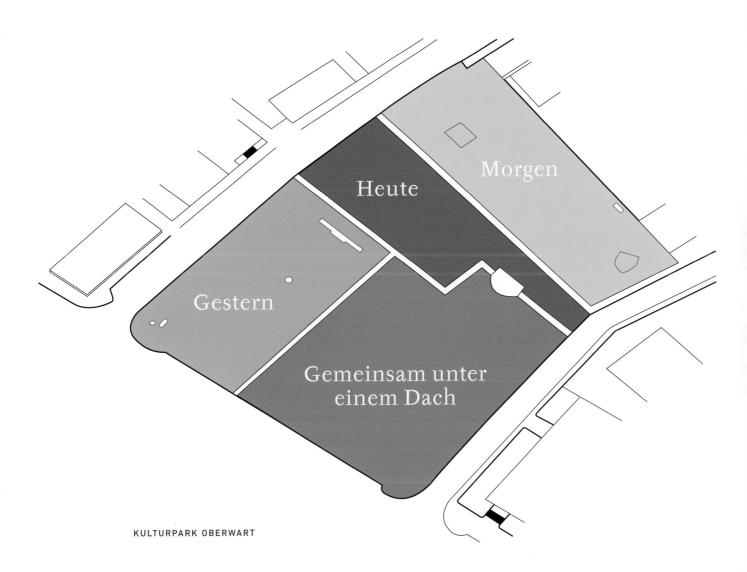

Morgen

Heute

Gestern

Gemeinsam unter
einem Dach

KULTURPARK OBERWART

ESPLANADE WIENERBERGCITY WIEN

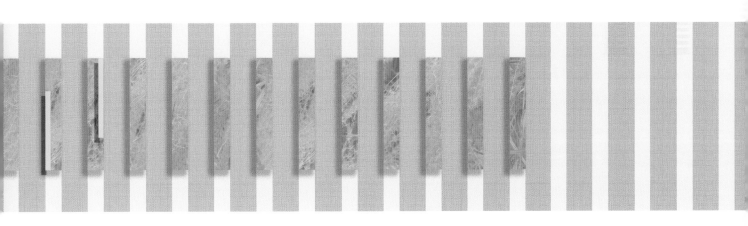

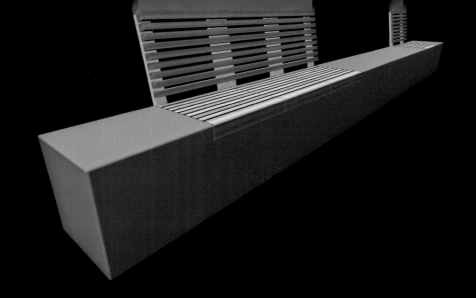

LIEBSCHAFTEN EN DÉTAIL

eintauchen

Tauchen in Unterwasserwelten ist eine Vorführung faunistischer und floraler Farb- und Formspektakel. Sie bringen Sehen und Verstehen zum Tanzen, zeigen Kompositionen grell und fein, abstrakt und wirklich, synergetisch und gegensätzlich; Verführung in Blau.

Eintauchen in eine Umgebung, die anders ist als das Gewohnte, in der die Sinne gefordert sind, Entdeckungen stattfinden und das, was vorher war, anders sein wird. Die eigene Kohärenz verlassen und sich einlassen auf ein Abenteuer, das die bekannten Regeln bricht, um völlig Neues zu erfahren. Eine andere Lebensform eingehen, in der Farben, Vielfalt und Unerwartetes bestimmend sind, Sinnlichkeit und Intuition zum Erlebnis werden.

Neue Orte schaffen heißt neue Wahrnehmungen ermöglichen, Sensibilitäten erwecken, überraschen, Spielsinn auslösen und Ansichten verrücken. Aus dem gewöhnlichen Leben heraustreten und neue Geschichten entdecken…

Plunging into underwater worlds reveals a parade of fauna and flora, a spectacle of color and shape. Seeing and understanding begin to dance. Compositions are shown dazzlingly and finely, abstractly and really, synergistically and in opposition; seduction in blue.

Plunging into an environment that is different from the usual in which the senses are awoken; discoveries happen and everything that used to be becomes different. Leaving your own realm of coherence and opening up to an adventure that breaks the usual rules, to experience something really new. Entering a new form of life in which color, diversity, and the unexpected are the defining elements, in which sensitivity and intuition become an experience.

Creating new places means facilitating new perceptions, awakening sensitivities, surprising, triggering a sense of play and shifting perspectives. Stepping out of normal life and discovering new stories…

Wenn sich das Schöne und das Nützliche vereinen und
When the beautiful and the useful unite and a meaning,
dem Ort eine Bedeutung eingeschrieben wurde,
which is legible and comprehensible,
die ablesbar und nachvollziehbar ist.
is inscribed into a place.

Wie entsteht Identität? | How is identity created?

Identität entsteht am ehesten, wenn es gelingt,
Identity is most likely to be created if you manage
etwas Neues, Altbekanntes aus einem Ort zu schälen,
to peel something new but well-known out of a place;
etwas, das einem das Gefühl gibt, immer schon da gewesen
something that gives you the feeling that it has always
zu sein oder aber das Eigentliche,
been there or of being the actual reality,
das Selbstverständliche zu sein.
the self-evident.

Identity emerges from itself or from what has been added.

Identität entsteht aus sich heraus oder aus dem Hinzugefügten.

Identity cannot be put into a definition.

Identität ist nicht in eine Definition einzuordnen.

It can be created through material objects or through what is felt.

Sie kann durch Materielles und/oder durch Gefühltes entstehen.

In the best case, whatever is added brings out what is already there.

Im besten Fall kitzelt das Hinzugefügte das Vorhandene heraus.

Durch das Reale/Echte/Glaubhafte. Identität ist nichts Aufgesetztes,

Through the actual/real/plausible. Identity is not factitious,

nichts Erzwungenes. Sie entsteht aus dem Charakter und der Nutzung

not forced. It comes from the character and use of a place itself,

des Ortes selbst und kann durch gezielte Eingriffe verstärkt oder

it can be amplified or also partly destroyed by targeted intervention.

teilweise auch zerstört werden.

In der Lebendigkeit eines Ortes.

In the vibrancy of a place.

Alles auf Zucker

Die Landesgartenschau Löbau 2012 in Sachsen gibt den Anlass, das industriell geprägte Gelände einer ehemaligen Zuckerfabrik und brachgefallene Textilindustrien wieder in den Stadtkörper einzugliedern und zu revitalisieren.

Auf einem Plateau, nahe der Altstadt gelegen, thronte die Zuckerfabrik über dem Talraum des Löbauer Wassers. Von dort eröffnet sich ein grandioser Blick auf den Löbauer Berg mit dem „Gusseisernen", einem historischen Aussichtsturm. Die Anlagen, wie der Rübenwaschplatz mit Sprinkleranlage, Wasserrinnen, Kalkofen und Rübenwaschwasserabsetzbecken besetzen das Plateau, den Hang und das Tal.

Im weiteren Verlauf des Flusstales waren bis in die 1990er Jahre mehrere raumgreifende Textilfabriken angesiedelt. Sie versperrten das Tal und verwehrten den Zugang zum Wasser.

Das Zuckerlager mit seinen eindrucksvollen Innenräumen und verschiedene andere ortsprägende Relikte wie die Absetzbecken bleiben in Erinnerung an die industrielle Nutzung erhalten und werden in einen neuen Zusammenhang gebracht. Den ver(miss)brauchten Landschaftsraum gilt es mit dem „Zuckerplateau" und der Altstadt zu verknüpfen und in einen Freizeit- und Erholungsraum umzugestalten, ohne die Geschichte des Ortes, seine Nutzungsspuren und Narben zu verstecken.

The 2012 Löbau Regional Garden Show in Saxony will provide an opportunity to revitalize and reincorporate the industrial premises of a former sugar factory and derelict textile factories into the townscape.

Located on a plateau near the old town, the sugar factory towers above the valley of the Löbauer Wasser River. From there, there is a fantastic view of Löbauer Mountain, and its *Gusseisernen* – a historical lookout tower. The facilities such as a beet-washing area with sprinkler system, gullies, lime kiln and sedimentation basins for the water in which the beets were washed.

Several large-scale textile factories still existed further along the river valley into the nineteen-nineties; they blocked the valley and prevented access to the water.

The sugar storehouse and its impressive interior spaces as well as various other characteristic leftovers such as the sedimentation basins will remain, in memory of the industry here; they will be placed into a new context. The task at hand is to connect the (ab)used landscape with the "sugar plateau" and the old town. It will be reshaped to form a leisure and relaxation area, without hiding its history nor the traces and scars of its former use.

Das topografisch anspruchsvolle Gelände wird über eine neue Wegeverbindung – die „Berg- und Talpromenade" – erschlossen, vom „Zuckerplateau" entlang des Löbauer Wassers im Tal bis hin zur Altstadt. Das „Zuckerplateau" wird zum großen, offenen, multifunktionalen Platz für Stadtfeste, Zirkusse und Konzerte. Das behutsam sanierte Zuckerlager bietet Raum für Veranstaltungen; eine kleine Dauerausstellung erläutert die Prozesse der Zuckerfabrikation. Ein Baumhain aus Zuckerahorn markiert den Beginn der Promenade talwärts. Der Hain rahmt den zum „Rübentower" umgedeuteten ehemaligen Betonpfeiler der Rübensortieranlage. Die Rüben wurden in einem tief eingeschnittenen Betonkanal gesammelt und über Laufbänder zur Sortieranlage transportiert. Dieses geheimnisvoll anmutende Industrierelikt wird – mit Königsfarnen bepflanzt – zum prähistorischen versunkenen Garten. Ein im Rahmen der Tiefenenttrümmerung entdecktes ehemaliges Fundament der alten Fabrikhallen wird mit seiner kuriosen „Elefantenhaut" als Artefakt präsentiert.

Das „Kalkwäldchen" verweist auf den Standort eines historischen, aus Gründen der Sicherheit abgerissenen Kalkofens. Kalk wird als Bestandteil im Produktionsprozess benötigt, um den aus den Zuckerrüben extrahierten Rohsaft mittels der Kalk-Kohlensäure-Reinigung von Nicht-Zuckerstoffen zu trennen. Aus kalkliebenden Gehölzen und Stauden entstand hier im Zusammenspiel mit Kalksteinplatten und -splitt ein ungewöhnlicher, blendender Gartenraum in Erinnerung an diesen wichtigen Bestandteil der Zuckerproduktion. Entlang des „Schrägen Wäldchens", einem großen, geordneten Birkenhain, der den neuen Hang ins Tal überspannt, führt die Promenade hinunter in den Talraum mit den ehemaligen, schroff anmutenden Absetz-

becken für das schlammige Zuckerrübenwaschwasser. Die mit rohen Betonwänden gefassten, zeitweise bereits trockengefallenen Becken bleiben erhalten und werden behutsam zu erlebbaren Wassergärten und Spielräumen, den so genannten „Setzgärten" transformiert. Ein schmaler Stahlsteg führt über das Wasser. Hier wird der Zucker in seinen verschiedenartigen Aggregatzuständen zum Gestalt gebenden Thema: Auf die trockenen Gärten mit den Spielgeräten „Würfelzucker" aus weißen Betonquadern und „Zuckerhüte", Spielhügel aus weißem Tartan, folgen Wassergärten mit „Puderzucker" aus weißen Kunststoffbällen und das „Zuckerwasser". Im „Zuckerrausch" endet das süße Vergnügen.

Dem Verlauf der Promenade folgend, erschließt sich das Tal mit stillen Rückzugsorten am Löbauer Wasser. Dann öffnet sich der Blick zu den Löbauer Wiesen, begrenzt durch die Kulisse des waldigen Stadthanges und der Altstadt. Mit einem gepflasterten Platz aus regionalem Basaltpflaster endet die Berg- und Talpromenade am Übergang zur östlichen Altstadt. Auf dem Platz wird die nicht mehr genutzte historische Eisenquelle des nahe gelegenen ehemaligen König-Albert-Bades als schmaler, eiserner Wasserlauf sichtbar wiederbelebt.

In Löbau werden die Bestandsrelikte – im Sinne einer „Bricolage", einer Bastelarbeit – in einen neuen Kontext gestellt. Der Ort wird reorganisiert: Die ursprüngliche Nutzung, bereits verblasst, wird nicht negiert, sondern durch Addition neuer Elemente einer neuen Bedeutung zugeführt, die den Bezug zum historischen Kontext sucht. So entsteht eine neue Sichtweise auf Altbekanntes und der Zeitsprung von der Industrie- zur Freizeitlandschaft wird sichtbar.

A new path connection – the mountain and valley promenade – will make this topographically challenging facility accessible; it will run from the "sugar plateau" along the Löbauer Wasser River in the valley over to the old town. The "sugar plateau" will be transformed into a large, open, multi-functional square for town festivals, circuses, and concerts. The sensitively refurbished sugar storehouse will provide space for events; a small permanent exhibition will explain the processes involved in sugar fabrication. A cluster of sugar maples marks the beginning of the promenade towards the valley. The cluster frames the concrete pier of the former beet sorting plant, which has been reinterpreted to become a "beet tower." The beet was collected in a deep concrete channel and transported to the sorting station on conveyor belts. This secretive-seeming industrial relict – planted with king ferns – will become a pre-historic sunken garden. The former foundations of the old factory halls with strange "elephant skin," which were discovered during deep rubble clearance, will be presented as an artifact.

The "Little Lime Forest" makes reference to the location of a historical lime kiln, demolished for reasons of safety. Lime is one of the components needed in the sugar production process; it is used to separate the juice extracted from the sugar beets from the non-sugars through lime-carbon-dioxide cleansing. An unusual, splendid garden space was created using lime-loving woods and perennials in combination with limestone slabs and chippings, in memory of this important component of sugar production. The promenade leads along the little sloping forest – a large, well-structured beech copse that spans the incline down into the valley with rough sedimentation basins that used to hold the slimy sugar beet washing water. The basins with rough concrete walls, some of which had already dried out, have been sensitively transformed into water gardens and play spaces, the so-called water gardens. A small steel footbridge leads across the water gardens. Here, sugar in its various aggregate states is the design-defining substance: there are "cubes of sugar" made of white concrete cubes in the dry playing gardens, and "sugar cones," play hills made of white tartan, followed by water gardens with "icing sugar" made of white plastic balls, and the "sugar water." This sweet treat finishes up on a "sugar high."

Following the path of the promenade, the valley connects to quiet places of retreat along the Löbauer Wasser River. The view then opens up to the meadows, bordered by a backdrop of the forested town incline and the old town. The mountain and valley promenade finishes at a plastered square of local basalt plaster, on the transition to the eastern end of the old town. An old chalybeate spring from the former König Albert baths nearby, which runs over the square as a narrow, iron waterway, has been revived and revealed.

These existing relics in Löbau have been placed into a new context – in a "bricolage" manner, a work of craft. This place has been reorganized, while keeping in mind its original use, which had already faded; it has been given new meaning through the addition of novel elements that search for a connection to the historical context. Fresh perspectives of the well-known thus arise, making the leap from industrial to leisure landscape visible.

SETZGÄRTEN MIT „ZUCKERHÜTEN"
UND „SCHRÄGEM WÄLDCHEN"

Ingrid Fichtner

Noch

blüht es weiß; noch
glühen Oleander Malve
Himalayaflieder unterm
Blau ... bogig gekrümmt
die Äste: Wie die Rispen
duften! Du denkst zurück
du denkst Liguster! – Noch
wälzen sich Petunien von
Terrassen klettern weiße
Winden über die gestutzten
Hecken; doch streitet um
fünf kein Vogelheer mehr
in den Morgen; und erste
Mönchskappen leuchten

Nach den Narzissen

vor Herzgespann
vor Schwarznessel
die Wasserminze
auf nassen Wiesen
in Auen in Sümpfen
ein überschäumender
Kelch Lippenblütler
die Staubblätter ge-
spreizt als griffen sie
nach einem Paradies

Gelb

steht die Robinie
lodernd strotzen
Vogelbeeren Reben-
reihen lichten sich
die Blätter werden
heiser ... leiser die
Erde ist noch warm

Johanniskraut

Johanniskrauttag wie zur
Vorzeit: verlässlich das
leuchtende Gras in den Wäldern;
am Rand zwischen Blätter-
gewirr der Glanz von Eiche
und Birke. Aus breiten Blüten
krümmt sich Holunder jetzt
schon zur Beere. Der Weizen
steht blau durchblüht.

[Dezember]

In jedem Baum ein
Mond; die Weiße von Blüten
zum Ende des Jahrs

There are still

blossoms of white under this
blue sky ... oleander ... malva
butterfly bush are still glowing
bending the branches; but then
what scent! the scent of privets!
how small the panicles ... you're
thinking back ... there are still
petunias bulging from porches
there's morning glory climbing
trimmed hedges; but these armies
of birds are no longer fighting at five
in the morning; and a first naked lady
stands all agleam ...

After the daffodils

before motherwort
before black horehound
the water mint in
soaked meadows in
wetlands in marshes
a goblet overflowing:
this mint family –
the stamina spread
as if reaching out for
some paradise

All yellow now

the locust tree
aflame
the rowanberries
abounding
the vines
are thinning out
the leaves
stop rustling
hushing up
the soil still keeps
its warmth

St. John's wort

Midsummer's Day like in
times past the grasses
reliably aglow in the woods
on the fringes ... the leaves
entangled and sparkling
the oak tree the birch tree;
elderberries from broad
blossoms already bending;
and blue bonnets dotting
the field of wheat

[December]

One moon in every tree ...
the whiteness of blossoms
at the end of the year

Andere Gärten

Der Garten als Abbild der Wunschvorstellung vom Paradies auf Erden ist ein Menschheitstraum, eine uralte Sehnsucht, die bis zu den Sumerern nach Mesopotamien 4000 v.Chr. zurückreicht. Er ist heute ein Ort jenseits des Alltags, sicherlich eines der besten Wellnessprogramme für Körper, Geist und Seele. Der Garten ist aber auch ein Klischee, das sich in medialer Darstellung oft genug als kitschig, abgenutzt oder verbraucht erweist.

Manche Gärten müssen jedoch anders sein, fremd bleiben, das Schräge oder Skurrile, die illustre Seite dieser Sehnsucht zeigen. Weil es der Ort ist, die Geschichte, der Kontext es erfordert oder weil es reizt, dieses „Andere" zu zeigen.

The garden, an effigy of a fantasy of paradise on earth, is a dream of mankind, an age-old yearning that dates back to the Sumerians in Mesopotamia in 4,000 BC. Today it is a place beyond the everyday, certainly one of the best wellness programs for body, mind and soul. However, the garden is also a clichée, the media representations of which often enough prove to be cheesy, worn out or over-used.

Yet some gardens must be different, must remain strange, must reveal, the weird or the quirky, the illustrious sides of this yearning. Because it is the place; the history, the context demand it or because it is exciting to expose this "other".

„Erst durch die Existenz eines Anderen neben dem eigenen Selbst entsteht Tiefe, ein Feld des Möglichen."

Gilles Deleuze,
Michel Tournier und die Welt ohne anderen,
in: Logik des Sinns, Frankfurt Main 1993, S. 364ff.

"Only through the existence of the other beside the self does profundity develop; a field of potential."

RECYCLINGGÄRTEN WERNIGERODE | 156-157

„Blut auf Schlacke", „Birken auf dem Dach", „Asphaltbrecher", „Bergidyll" und „Magnolien auf Stahl" sind
fünf Themengartenbeiträge auf der Landesgartenschau Wernigerode 2006, die sich zunächst schwer erschließen, etwas spröde und ungewohnt daherkommen.
Durch die beispielhafte Präsentation von gebrauchten,
aus der Nutzung gefallenen Materialien und Baustof-
fen erinnern diese Recyclinggärten an die ehemalige
Nutzung der Fläche als Baustofflagerplatz. Die Dachpfannen stammen von einem angrenzenden Gebäude,
Asphalt und Beton waren die vorhandenen Oberflä-
chenbeläge, die Stahldrähte dienten als Armierungen
der Betonplattenwege und die Schlacke war im Boden
der ehemaligen Bauschuttdeponie seit Jahrzehnten
abgelagert.

BUNTE HARZBLICKGÄRTEN | 158-161

Diese Gärten sind als Gartenkorridor entlang eines
Baches für die Bewohner der Siedlung Harzblick kon-
zipiert. In Anlehnung an die Schrift „Wernigerode, die
Bunte Stadt am Harz" des Heimatdichters Hermann
Löns folgen sie einem Farbverlauf von blau über grün,
gelb, orange und rot bis violett.

GLASBLUMENGARTEN | 162-163

Der Besuch im nahe gelegenen Werk der Glasmanufaktur Harzkristall gab auf der LGS Wernigerode 2006
die Anregung für den „Glasblumengarten". Die einge-
schmolzenen Lampenkappen, ein Abfallprodukt aus der
Glasmanufaktur, wurden diskusförmig gepresst und auf
Stahlstäben in Reihen auf einem dunklen Untergrund
gepflanzt. Sie suchen den regionalen Bezug in einem
fremd anmutenden Themengarten.

DONAUWELLE | 164-165

Künstlich geformte, wogende Rasenwellen mit Donau-
kies- und Irisbändern in ihren Wellentälern bilden
einen minimalistischen Garten als Verweis auf die
nahe gelegene Donau.

SPRÜHNEBELWALD | 166-167

Reisigwände mit aufrechten und gekippten Baum-
stämmen, bepflanzt mit typischen Waldstauden, -grä-
sern und Farnen bilden einen abstrakten Waldgarten.
Sprühnebel und skurrile Hängeblutbuchen auf wei-
chem Laubboden akzentuieren den ungewöhnlichen
Charakter dieses Gartens. Halbierte Eichenstämme
sind Sitz- und Liegeflächen.

SPUR DER STEINE | 168-169

Der Privatgarten am Parsteinersee gehört zu einem
ehemaligen Bahnwärterhaus, das als Sommerhaus
genutzt wird. Besonderes Merkmal der umgebenden,
leicht geschwungenen brandenburgischen Endmorä-
nenlandschaft sind die markanten Natursteinfindlinge
jedweder Größe als regionaltypische Spuren eiszeit-
licher Ablagerung. Sie bilden das Grundgerüst, das
Skelett des Gartens. Streifenförmig angeordnet formen
sie ein Grundraster für bandartige Pflanzungen.
Jedes Band erhält eine Leitpflanze, die sich von inten-
siven Rottönen vom Haus her zu hellem Grüngelb hin
in die Umgebung auflösen. Die naturnahe Anmutung
der Umgebung und der Pflanzenverwendung stehen
im Kontrast zur strengen Ordnung der Pflanzstreifen.

NATURFREUNDEKABINETT TULLN | 170-171

Die verborgenen Gartenkabinette im schattigen Waldesgrund inszenieren den Kontrast zwischen naturnahem
Waldbestand und gartenkünstlerischer Intervention.
Bedruckte Textilwände mit abstrakten Auwaldmotiven
umfassen das Kabinett. Grobe, rustikale Holzbänke und
der Hirsch an der Wand erinnern an die verwunderliche,
beunruhigende Idylle einer Jagdhütte. Künstliche Tan-
nenbäumen stehen wie verlorenes Mobiliar auf einem
Kunstrasenteppich. Ein Spiel mit dem Naturbegriff entsteht: Ein Kunstwald vor dem scheinbar „echten" Wald,
der ja gar kein natürlicher Auwald mit jahreszeitlich
bedingten Überflutungen mehr ist. Dieser künstliche
Raum schafft eine überraschende, gewöhnungsbe-
dürftige Distanz zur Natur des umgebenden Waldes.
Wie natürlich ist Natur, wie künstlich die Kunst?

WERNIGERODE RECYCLING GARDENS | 156-157

"Blood on Slag," Birches on the Roof," "Asphalt Breaker," "Mountain Idyll," and "Magnolias on Steel" are five themed contributions to the 2006 Wernigerode Regional Garden Show; it can be difficult to understand them at first as they seem a bit demure and unfamiliar. Through their exemplary application of used and obsolete materials and building elements, these "recycling gardens" remind of the area's past role as a place to store building materials. The roof tiles are from a neighboring building, asphalt and concrete were the former surface materials, the steel filaments were used to reinforce concrete ground slabs, and the slag was stored for years in the ground of the former construction rubble dump.

BRIGHT HARZBLICK GARDENS | 158-159

These gardens have been conceived to be a garden corridor along a stream for the residents of the Harzblick estate. In reference to the writings, "Wernigerode, the Bright City at the Harz" by local poet Hermann Löns, they go through a color gradient from blue through green, yellow, orange and red to purple.

GLASS FLOWER GARDEN | 162-163

A visit to the nearby glass manufacturing works of the Harzkristall company provided the impulse for the "Glass Flower Garden" at the 2006 Wernigerode Regional Garden Show. Melted lamp caps, a waste product from glass manufacturing was pressed into disc shapes and installed on metal rods and planted in rows on a dark under-surface. They reach for a regional reference within a foreign-seeming themed garden.

DANUBE WAVES | 164-165

Artificially shaped undulating waves of lawn with Danube gravel and ribbons of irises in the valleys of the waves form a minimalistic garden in reference to the nearby River Danube.

SPRAY MIST FOREST | 166-167

Brushwood walls with vertical and leaning tree trunks, planted with typical forest bushes, grasses, and ferns create an abstract forest garden. Spray mist and bizarre hanging copper beeches on a soft floor of foliage accentuate the unusual character of this garden. Halved oak trunks form seating and lounging areas.

TRACES OF STONES | 168-169

The private garden at Lake Parstein belongs to a former railway keeper's lodge, which is used as a summerhouse. Distinctive stone boulders of all sizes represent a particular feature of the surrounding, slightly undulating Brandenburg moraine landscape; these are region-specific leftovers of glacial deposition. They constitute the framework – the skeleton – of the garden. Arranged in strips, the boulders form the basic grid of ribbon-like planting. Each ribbon has a defining plant; these go through a transition from intense red tones near the house into light green-yellow on the edges, thus petering out into the surrounding environment. The near-natural representation of the surroundings and the choice of plants, stand in stark contrast to the stringent order of the plant strips.

TULLN, NATURE LOVERS CABINET | 170-171

This hidden garden cabinet in a shady patch of forest orchestrate the contrast between near-natural forest stand and garden-design intervention. The cabinet is enclosed by textile walls printed with patterns from the surrounding alluvial forest. Rough, rustic wooden benches and the stag on the wall remind of the strange, disconcerting idyll of a hunter's lodge; artificial fir trees stand like lost furniture on a carpet of artificial grass in the "parlor." A play on the definition of nature develops: an artificial forest in front of the seemingly "real" forest, which is no longer a natural alluvial forest with seasonal flooding. This artificial space creates a surprising distance to the nature of the surrounding forest, which takes some getting used to. How natural is nature, how artificial is art?

RECYCLINGGÄRTEN WERNIGERODE

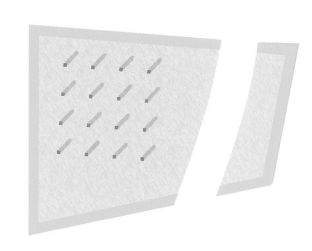

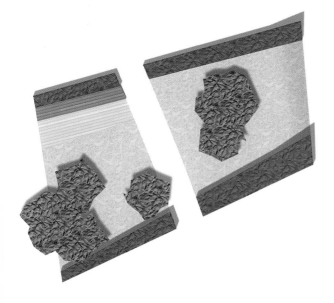

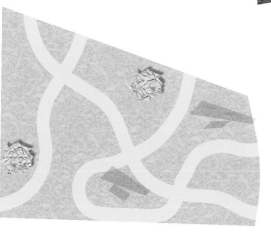

159

DONAUWELLEN TULLN

SPRÜHNEBELWALD TULLN

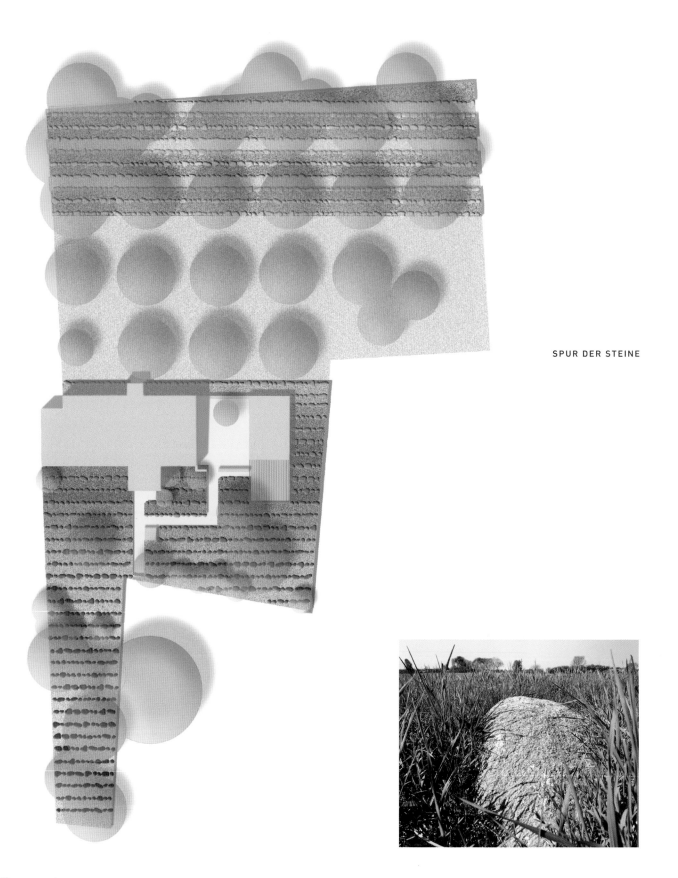

SPUR DER STEINE

EISGARTEN

Ein statischer Garten, auf dem sich gehen lässt, ohne einzusinken, wo sich nichts bewegt, eingefroren, wie das Bild auf dem Monitor nach dem Absturz. Ein Garten der knackt, knarzt und knirscht, je nach darunter verborgener Wassermenge, Temperatur und den Strömungsverhältnissen. The sound of silence. Geheimnisvoll, abstrus, unwirklich und kalt, abweisend und gleichzeitig einladend, verlockend. Mit stumpfer Oberfläche oder strahlend im gleißenden Licht. Pflanzen, Laub und Äste, gefangen im Eis – No escape! Ein temporärer Garten par excellence, eine Installation des Zufalls, ein Wintergarten.

ICE-GARDEN

A static garden on which you can walk without sinking in, where nothing moves, frozen like the picture on the screen after the computer has crashed. A garden that cracks, creaks and crunches depending on the amount of water below, on the temperature and on the flow conditions. The sound of silence. Secretive, abstruse, surreal, and cold, repelling and at the same time inviting, compelling. With dull surfaces or shining in glistening light. Plants, foliage and branches, trapped in ice – no escape! A temporary garden par excellence, an installation of coincidence, a winter garden.

„Wenn es uns gelingt, das Abstrakte in der Natur zu finden,
so finden wir tiefste Kunst."

"If we manage to find the abstract in nature, we find the most profound art."

MARK TOBEY

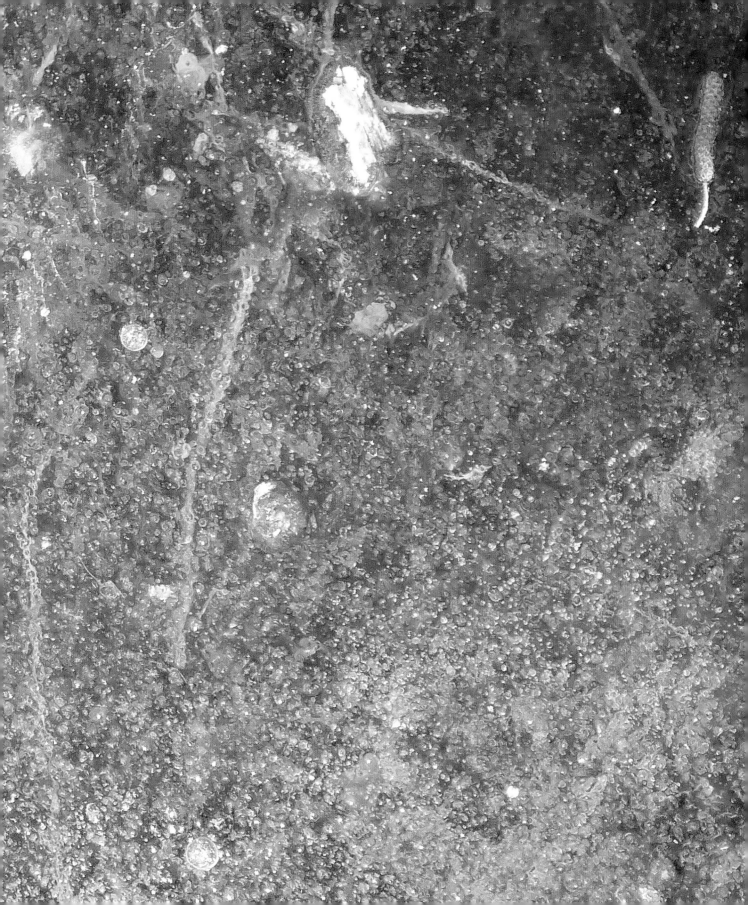

So sichtbar, wie es die Sinne ermöglichen.

As visible as the senses allow it to be.

Wie sichtbar ist das Unsichtbare? | How visible is the invisible?

The invisible is often the only thing worth seeing.

Oft ist das Unsichtbare das einzig Sehenswerte.

You just need to open your eyes wide.

Man muss die Augen weit aufmachen.

The invisible often lurks behind every corner,
   Das Unsichtbare lauert oft hinter jeder Ecke,
so be careful as you approach.
   also Vorsicht bei der Annäherung.

      Das Unsichtbare rauscht in den Ohren und kitzelt in der Nase.
       The invisible rustles in the ears and tickles in the nose.

Das Unsichtbare soll verborgen bleiben,
 The invisible should stay hidden so that we can continue
damit die Sehnsucht erwacht.
  to awaken yearning.

      Beim Zeichnen werden die Ideen im Kopf sichtbar.
       The ideas in your mind become visible through drawing.
      Das faktisch Unsichtbare wird erfahrbar.
       The virtually invisible becomes tangible.
      Gäbe es keine Übersetzung, wäre das Unsichtbare abstrakt
       If there were no translation, the invisible
      und undeutlich – aber vorhanden.
       would remain abstract but still there.

Sieben Teiche

Wernigerode ist ein romantisches Fachwerkstädtchen am Nordrand des Harzes mit Blick auf den legendären Brocken. Den Wernigerödern fast in Vergessenheit geraten waren jedoch die sieben historischen Fischteiche am Stadtrand, der älteste aus dem 14. Jahrhundert. An der Schnittstelle zwischen Stadt und Landschaft lagen sie eingezwängt – gesichtslos, ungeordnet, vernachlässigt. Das Gebiet wurde in den letzten 50 Jahren als Bauschuttdeponie missbraucht. Die Landesgartenschau 2006 war hier das ideale Instrument für die Stadt, diesen „Unort" zu rekonstruieren, zu sanieren und für die Bevölkerung nutzbar zu machen, um damit wertvollen Stadtraum zurückzugewinnen.

Die Teiche, geschützte Feuchtwäldchen, umfangreiche Bestände von Spontanvegetation und einige andere Bestandsrelikte boten dafür eine reiche aber bisher nicht beachtete Vielfalt. Das Projekt weckt dieses schlafende Potenzial, macht verborgene Qualitäten sichtbar, ohne die Spuren der Geschichte zu verwischen. Es ist ein behutsamer Umgang mit den räumlichen Gegebenheiten, ergänzt durch deutliche, neue Setzungen.

Wernigerode is a romantic, timber-framed little town on the northern edge of the Harz area with a view of the legendary Brocken mountain peak. However, the people of Wernigerode had almost forgotten seven historical fishponds on the periphery of the town, the oldest of which dates back to the fourteenth century. They lay wedged in the intersection between town and landscape, faceless, orderless, neglected. The area had been (ab)used to dump building rubble over a fifty-year period. The 2006 Regional Garden Show was the ideal instrument with which the town could reconstruct this "non-place," to regenerate it, to make it useable by the people and thus to regain valuable urban space.w

The ponds, valuable protected wet forests, large amounts of spontaneous vegetation, and several other existing relics provided a rich potential, which had not been considered so far. The project awakens this dormant potential, revealing hidden qualities without erasing the traces left of history. It is a sensitive approach to the existing spatial parameters, enriched by coherent new elements.

BLICK INS ZAUBERWÄLDCHEN

Eine von Osten nach Westen verlaufende, einen Kilometer lange Steganlage – der „Fishwalk" – verknüpft die Teiche begleitend und überspannend zur Teichkette. Entlang der Steganlage sind Wasserstationen, die sogenannten „Follies" angeordnet, die die Wasserflächen bespielen. „Folly" in der Tradition des englischen Landschaftsgartens, Narrheiten als emotionale Stimmungsträger, Orte der Lust, die Blicke auf sich ziehend, Gefühle erzeugend, Attraktoren während und auch nach der Gartenschau.

Als „Mineralienschlucht" schneidet sich der „Fishwalk" in den Deponiekörper ein. Die Region um Wernigerode gilt in Fachkreisen aufgrund der Reichhaltigkeit unterschiedlicher Gesteinsformationen als geologische Quadratmeile Deutschlands. Das „Geologische Fenster" in der „Mineralienschlucht", liebevoll in wochenlanger Kleinarbeit durch Geologen errichtet, zeigt modellhaft die Gesteinsabfolge und -schichtungen vom Harzvorland bis zum Brocken.

Ein „Gartenband" rahmt die Zaunwiese, ein offener und weiter, zur Stadt leicht geneigter Wiesenraum, der die bestehende Bauminsel in seine Mitte nimmt. Dieses romantische Wäldchen ist mit einer glänzenden Rahmung aus Lochblech als „Zauberwäldchen" inszeniert. Das Gartenband schlingt sich, als Abfolge von 40 unterschiedlichen Gärten, entlang der Teiche, getrennt durch Wände aus farbigem Textilgewebe. Hier wird die große Vielfalt von Themengärten zur Flaniermeile, das Gartenband lädt ein zum Schaufensterbummel.

Eine Besonderheit stellen die „Recyclinggärten" dar. Dem Ort entstammende Baustoffe und Abbruchmaterialien werden in Kombination mit jeweils einer Baumart („Magnolien auf Stahl", „Asphaltbrecher", „Birken auf dem Dach", „Blut auf Schlacke", „Bergidyll"), zu Elementen der Gartengestaltung.

Die geschwungene, landschaftliche Promenade sucht die ruhigen Orte der Gartenschau, bildet das introvertierte Pendant zum geradlinigen, extrovertierten „Fishwalk". So entsteht an einer vernachlässigten Randlage durch Transformation ein moderner Park mit klarer, zusammenhängender Ausprägung, im Spagat zwischen Show und nachhaltigem Nutzen und unter Berücksichtigung regionaler Eigenarten. Die verwendeten Materialien leisten dazu einen wichtigen Beitrag: Harzer Kalkstein als Füllmaterial der Gabionen, als Wasserbausteine oder auch Wegebaumaterial. Stahl als Einfassung für Wege und als Mauerwangen, Holz für Sitzterrassen, Stege und Pavillons verweisen auf die wichtigsten Rohstoffe der Region, die für die wirtschaftliche Entwicklung der Stadt Wernigerode von historischer Bedeutung sind.

A kilometer-long promenade, the "Fish Walk," stretches from east to west connecting and spanning the ponds to create a chain of ponds. There are water stations, so-called "follies," along the promenade, which orchestrate the water surfaces. The "folly" in the tradition of English landscape gardening is an emotional bearer of moods, place of lust, gaze attractor, a feeling generator, and an attractor as it is at the garden show and afterwards.

The "Fish Walk" cuts through the former volume of the dump as a "Mineral Canyon." In professional circles, the area around Wernigerode is well-known as "Germany's geological square mile" due to the rich variety of rock types there. The "Geological Window" in the "Mineral Canyon" which was installed in weeks of careful minute work by geologists, shows examples of the rock strata and layering from the foothills of the Harz Mountains to the Brocken peak.

A "ribbon of gardens" frames the Zaunwiese, an open meadow area, which slopes slightly towards the town, the existing island of trees at its center. This romantic little forest is framed by shiny metal sheeting, which makes it the "Little Magic Wood." The ribbon of gardens curves as a series of forty different gardens around the ponds; they are separated by walls of different colored fabric. The large range of themed gardens has become a promenade, the ribbon of gardens invites to window shopping.

The "recycling gardens" represent a special feature. Materials from the place and demolition waste have been made into elements of garden design, each in combination with a specific type of trees ("Magnolias on Steel," "Asphalt Breaker," "Birches on the Roof," "Blood on Slag," "Mountain Idyll").

The curvy, scenic promenade searches out quiet places in the garden show, forming an introverted pendant to the straight, extroverted "Fish Walk." A modern park of clear, coherent character has thus been created through transformation in a neglected peripheral area. A balancing act between the show and the sustainable use of special regional features has been achieved. The materials used also make a valuable contribution to that: Harz limestone as a filler material for the gabions, as building blocks in the water and as material to make paths, steel as a trimming for paths and walls, wood for seating terraces, platforms, and pavilions – all point to the region's most important materials, which have historically been essential to the economic development of the town of Wernigerode.

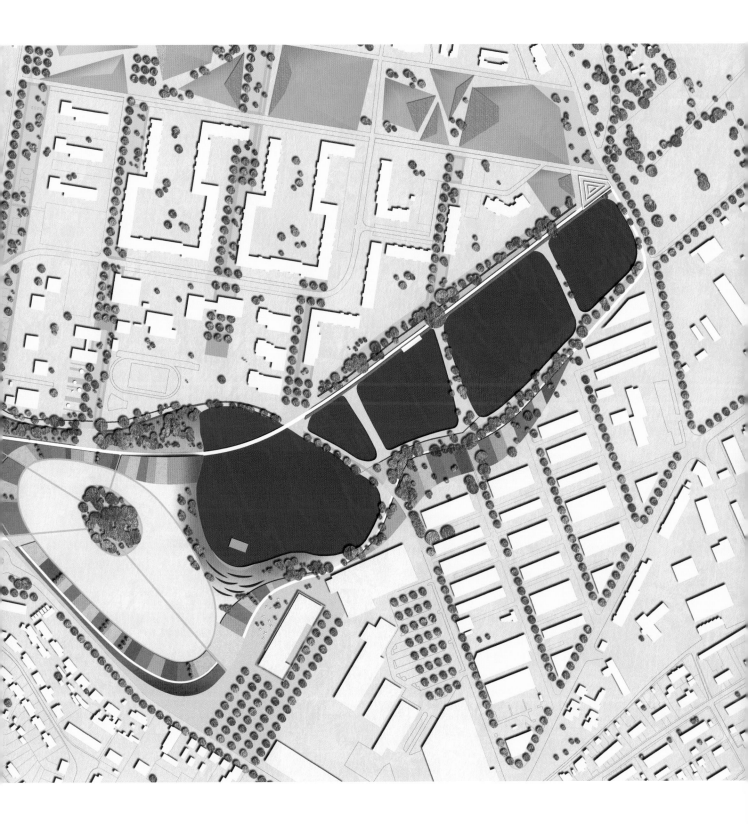

FISHWALK MIT FOLLY „WHITE BOX"

MINERALIENSCHLUCHT MIT GEOLOGISCHEM FENSTER

Platz gemacht!

Manchmal muss man einfach Platz machen, das Alte, Angestammte freiräumen, sich Luft verschaffen, großzügig öffnen und durchlüften … Neustart! Dann entsteht Raum für das Neue, gewöhnlich oder ungewöhnlich, je nachdem, was der Ort, die Aufgabe verlangen. Die Reduktion auf das Wesentliche schärft den Blick für den Ort und seine Umgebung. Klarheit und Einfachheit bieten Übersicht und Transparenz, schaffen Orientierung. Ist weniger mehr oder vielleicht doch zu wenig? Vielfalt und Bedeutung werden oft erst auf den zweiten Blick erkennbar.

Sometimes you just have to make room, to free up the old tradition, to let in air, to open up and ventilate … a new beginning! Then you create room for new things, usual or unusual, depending on what the place and the task at hand demand. Reduction to the essential sharpens perception of the place and its surroundings. Clarity and simplicity provide oversight and transparency; create orientation. Is less more or maybe too little after all? Diversity and meaning are often only recognizable on second glance.

EINGANGSPLATZ GARTENSCHAU TULLN

Der Vorplatz des Geschäftssitzes der Firma CODICO in Perchtoldsdorf bei Wien wurde als repräsentativer Eingangsbereich ausgebildet. Er ist Platz und Garten. Seine harte Granitbelagsfläche wird durch ein filigranes Gräsermeer und ein bepflanztes Wasserbecken kontrastiert. Eine geschnittene Hecke bildet die Raumkante zum großen Parkplatzbereich.

THEATERPLATZ GÜTERSLOH | 210-211

Das neue Theater der Stadt Gütersloh bildet eine zentrale Adresse im stadträumlichen Gefüge. Gemeinsam mit dem Wasserturm und der Stadthalle entsteht ein neuer kultureller Kristallisationspunkt der Gütersloher Innenstadt.

Der Theaterplatz selbst wird zum prominenten Entree der Gütersloher Innenstadt und ist gleichzeitig der Endpunkt einer spannenden Abfolge von Stadträumen. Er wird zur offenen, multifunktionalen und großzügigen Platzfläche, die den Theaterneubau, das neue Parkhaus und die bestehende Stadthalle miteinander in Verbindung bringt. Theater, Wasserturm, Stadthalle und Parkhaus stehen nun wie auf einem städtischen Teppich, die Offenheit und die Materialeinheitlichkeit des Platzes sorgen für attraktive Räume ohne Rückseitensituation. Zwei „Baumspangen" begrenzen den Platz im Norden und im Süden.

Am südlichen Platzrand definieren doppelreihige, kastenförmig geschnittene Linden den räumlichen Abschluss des Platzes. Zwischen der gläsernen Theaterfassade und der „Baumspange" entsteht ein offener, sich zum Wasserturm hin verjüngender, multifunktional nutzbarer Platz. Die großzügige Liege-, Sitz- und Spiellandschaft aus Holzpodesten im lichten Schatten der Baumhaine ist großes Freiraummöbel, Raumgrenze und Aufenthaltsbereich in einem Element.

Die Holzdecks führen mit dem Theatergebäude einen räumlichen Dialog. Sie sind Bühne und Tribüne. Vom Gebäudeinneren aus stellen sie die städtische „Bühne" auf dem Platz dar, vom Platz aus gesehen sind sie die

EINGANGSPLATZ GARTENSCHAU TULLN | 200-201

Als Haupteingang und Busvorfahrt bietet er in seiner robusten Ausführung viel Raum für Mensch und Maschine, der farbig changierende Betonwerksteinplattenbelag gibt dem Platz eine zurückhaltend-elegante Note. Eingelassene Bänder und Sitzelemente aus Naturstein markieren das Zentrum des Platzes mit zwei alten Bäumen und den Platzrand zum Bootsanleger und zu den Wasserwegen. Der Eingangsplatz des neuen Gartenkompetenzzentrums ist eine einladende, großzügige Geste.

VORPLATZ KULTUR- UND THEATERSAAL NORDHORN | 202-205

Der Platz war eine Rasenfläche mit ein paar alten Bäumen und Belagsflächen, unschön, unangemessen und belanglos. Einzig das Gebäude selbst mit seiner expressionistischen Fassade aus den 60er Jahren im Dialog mit den Werken regionaler Künstler gab dem Platz seinen speziellen Charakter. Der neue, materialeinheitliche Platzbelag aus einfachem Betonwerkstein spielt mit der lebendigen Fassade. Ein neuer Teppich wird ausgerollt, der anders ist und doch ähnlich anmutet: Mimikry. Die langen Sitzelemente akzentuieren die schlichte Platzgestalt und geleiten den Besucher vom Parkplatz zum Haupteingang.

dem Theaterbau vorgelagerte „Tribüne", von der aus durch die gläserne Theaterfassade das Leben im Gebäudeinneren verfolgt werden kann.

NELSON-MANDELA-PLATZ NÜRNBERG | 212-213

Der Nelson-Mandela-Platz nimmt einen städtebaulich interessanten Ort an der Nahtstelle zwischen historischer Altstadt und der durch Wohnen und Arbeiten geprägten Südstadt an Nürnbergs Hauptbahnhof ein. Er ist geprägt von vielfältigen verkehrsfunktionalen Ansprüchen des Durchgangs-, des Anwohner- und des Zielverkehrs zum Bahnhof sowie des ruhenden Verkehrs für Pkw-Parkplätze und Fahrradstellplätze. Der Platz entbehrt in seiner heutigen Gestalt jeder Aufenthaltsqualität, die insbesondere für die Anwohner der angrenzenden Südstadt wünschenswert wäre.

Es entsteht eine klar strukturierte und zusammenhängend lesbare Platzfläche, die die vielfältigen verkehrstechnischen und funktionalen Anforderungen mit dem Wunsch nach repräsentativer Gestaltung und einer hohen Aufenthaltsqualität für Anwohner und Besucher verknüpft. Der Platz wird als materialeinheitliche Mischverkehrsfläche ausgebildet. Die Fußgänger erhalten so Vorrang vor dem Kfz-Verkehr und die angrenzende, heterogene Bebauung wird zum Ensemble.

Das Zentrum des Platzes bildet ein großer, klar und eindeutig definierter blühender Baumhain. Er hat zeichenhaften Charakter, formt den zentralen Aufenthaltsbereich und bietet gleichzeitig klare Orientierung, lenkt und filtert die Verkehrsführung entlang der Platzkanten. Das Baumdach nimmt ganz selbstverständlich Teile des ruhenden Verkehrs unter sich auf. Eingelegt in den Platz ist die „Bühne", ein Platz im Platz, die – vom Baumhain teilweise überlagert – eine besondere Aufenthaltsqualität bietet.

Dieser Quartiersplatz ist eben ausgebildet und, aufgrund des vorhandenen Platzgefälles zur Bahnhofsfassade hin, leicht erhöht freigestellt bzw. nach Süden hin leicht eingelassen. Die Bühne ist von Treppenstufen und Sitzmauern gefasst und aufgrund der vorhandenen Platzneigung auch barrierefrei erschlossen. Großzügige, expressive Sitzelemente laden in freier Anordnung ein zum kommunikativen Miteinander.

In Anlehnung an den historischen, mittlerweile verrohrten Fischbach wird die Bühne an ihren Rändern durch eine leicht bewegte, flache, bespielbare Wasserfläche und einen kleinen Wasserfall zur stark befahrenen Straße hin bereichert. Die Bühne ist der Ort des Zusammenkommens jenseits der Verkehrsströme.

The forecourt of the CODICO company headquarters in Perchtoldsdorf near Vienna was designed as a representative entrance area. It is plaza and garden. A filigree sea of grasses and a planted water basin contrast with its hard granite surface. A tailored hedge forms the spatial edge towards the large car park area.

HORTICULTURAL CENTER OF EXCELLENCE IN TULLN | 200-201

As the main entrance and bus bay, the forecourt and its tough finish provide much space for man and machine; its colored iridescent artificial stone ground covering gives the forecourt material unity and a demure, elegant feel. Embedded ribbons and seating elements of natural stone and mark the center of the forecourt as do two old trees; the edge serves as a marina, providing access to the waterways. The forecourt of the new horticultural center of excellence in Tulln (Lower Austria) makes an inviting, generous gesture.

NORDHORN CULTURE AND THEATER AUDITORIUM | 202-205

The forecourt of the culture and theater auditorium in Nordhorn comprised a lawn with a few old trees and surfaced areas; ugly, inappropriate and irrelevant. Only the expressionist nineteen-sixties façade of the building itself in dialogue with artworks by regional artists gave the forecourt its special character. A new uniform ground covering of simple artificial stone plays with the lively façade. A new carpet has been unrolled, different yet somehow similar; mimicry. Elongated seating elements accentuate the simple forecourt design, guiding the visitor from car park to main entrance.

GÜTERSLOH THEATER SQUARE | 210-211

The new theater in Gütersloh has created a central address within the urban fabric. It will become an open, multi-functional, generous outdoor space, forming a connection between the new theater building, new car park building, and existing town hall as a result of uniform materiality. Theater, water tower, town hall, and car park now stand on the equivalent to an urban carpet; the openness and material uniformity of this square generate attractive spaces without creating a behind-the-scenes situation. The square is bordered by two "clasps of trees" to the north and south.

Double-rowed lime trees, which have been cut into box shapes, define the southern spatial edge of the square. An open, tapered, multi-functional square has been created between the glazed theater façade and this "clasp of trees." An expansive lounge, seating and play landscape of wooden platforms in the shadow of these copses serves as a large open piece of furniture, spatial boundary, and common area in one.

These wooden decks stand in spatial dialogue with the theater building, forming stage and stands. They portray the urban "stage" of the square from inside the building, while they serve as the "stand" in front of the theater building from the square, allowing life inside the building, behind the glazed theater façade, to be watched.

Nelson Mandela Square occupies an interesting urban space on the border between the historical old town of Nuremburg and the Südstadt district around Central Station, which is characterized by residential and working areas.

It is shaped by the diverse circulation needs of passersby, residents and passengers for the station as well as stationary traffic in car parks and at bicycle racks. The square in its present form lacks any spatial quality, which would at least make it attractive to residents of the neighboring Südstadt area.

A clearly structured and coherently legible square has thus been created to connect the manifold traffic-related and functional demands on it with a desire for representational design and high spatial quality for residents and visitors. From a materials point of view, the square has been shaped into a uniform mixed traffic area. Pedestrians therefore have priority over traffic and the surrounding heterogeneous buildings have become an ensemble.

A large, distinctive and clearly defined blossoming copse of trees constitutes the center of the square, which is of symbolic character. It forms the central common area while simultaneously offering clear orientation and guiding and filtering traffic along the edges of the square. The tree canopy quite naturally offers protection to the cars parked below it. A "stage" has been embedded into the square – a square in a square – which – partly intersecting with the copse of trees – establishes a special spatial quality.

The surface level of this district square is even, meaning that it has had to be slightly raised on one end to compensate for a slight slope in the existing ground towards the station façade; it and has also been recessed slightly towards the south. Seating stairs and seating walls frame the stage, the existing incline naturally giving it barrier-free access. Loosely distributed, generously-sized, expressive seating elements invite to communicative exchange.

A dynamic, flat, playable water surface and a small waterfall towards the busy street liven up the sides of the stage, making reference to the historical, now underground, Fischbach stream. The stage is a place of encounter outside the flow of traffic.

EINGANGSPLATZ GARTENSCHAU TULLN

VORPLATZ KULTUR- UND THEATERSAAL NORDHORN

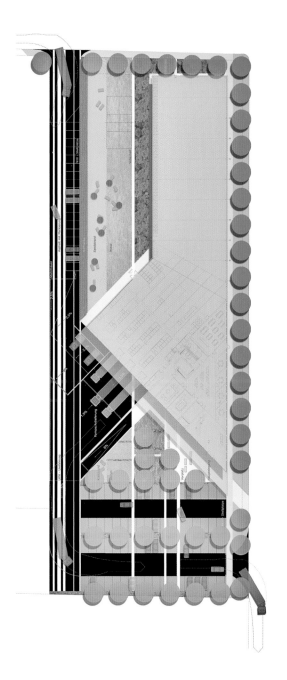

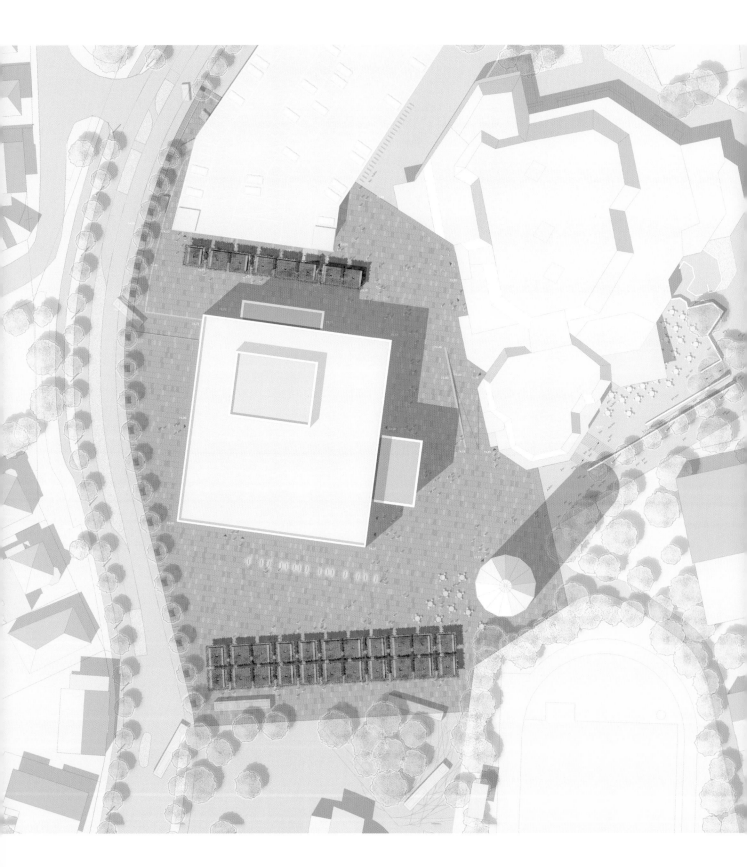

THEATERPLATZ GÜTERSLOH

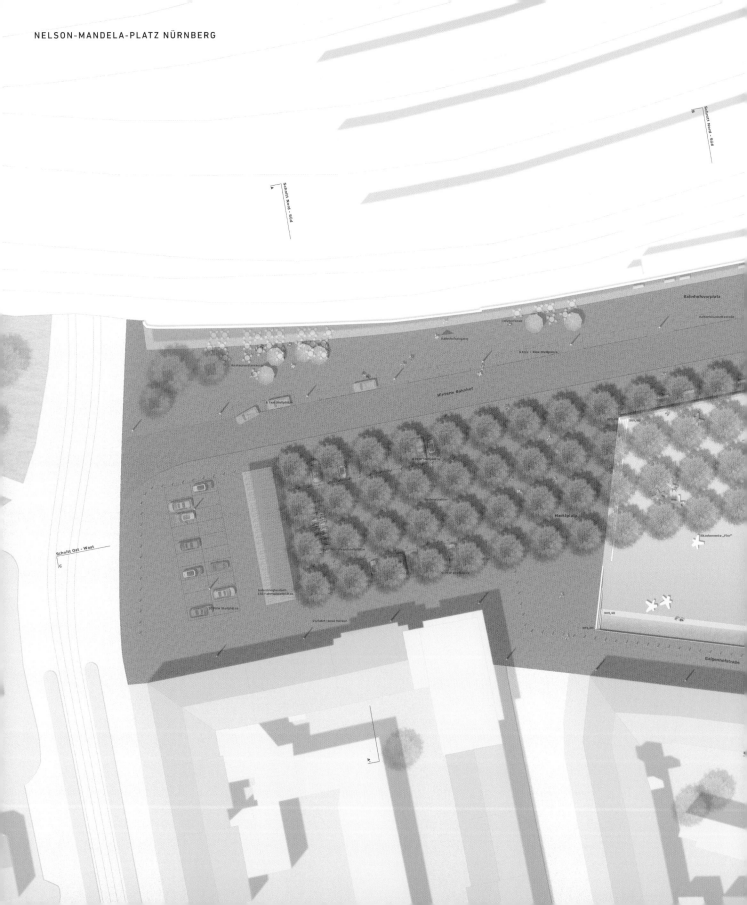

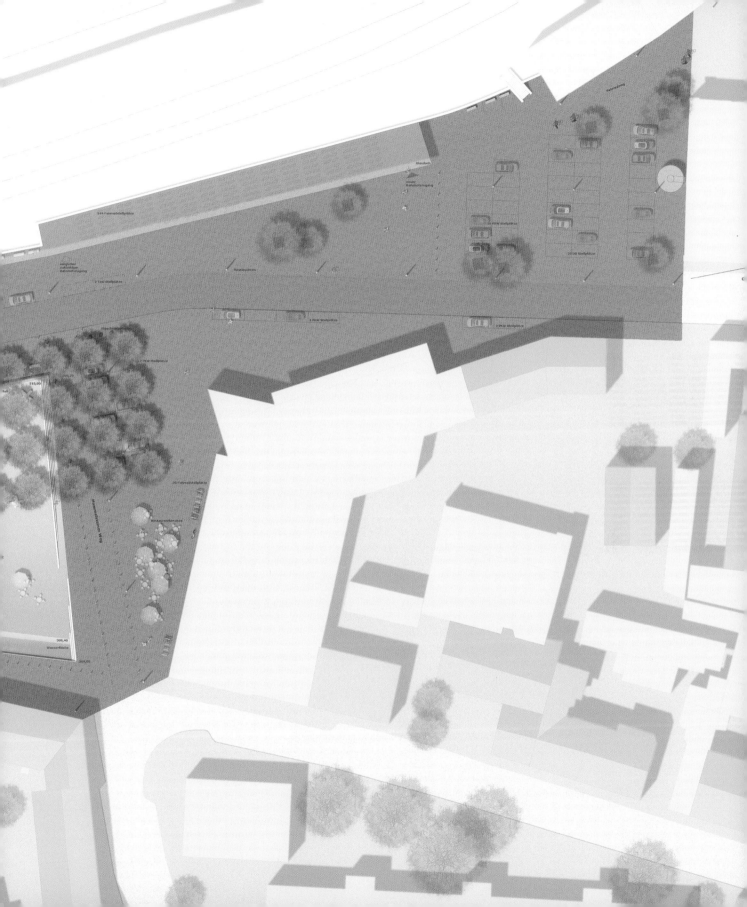

Wellenreiten

In attraktiver Innenstadtlage zwischen Spree und Rummelsburger See entstand auf der Fläche einer Industriebrache mit Palmkernölspeicher, Brauerei, Glasfabrik und Galvanischem Werk ein neues Wohngebiet. Das städtebauliche Leitbild sieht eine einheitliche Bebauungsstruktur vor, die Sichtbezüge von Ufer zu Ufer ermöglicht. Das Wohngebiet ist durch urbane Dichte geprägt, die im Kontrast zur Weite der Wasserlandschaft steht. Sind die ufer- und straßenbegleitenden Parkanlagen in Stralau als strenge, urbane Freiräume ausgebildet, so präsentiert sich der querende Stadtpark verspielter, fließender, gärtnerischer.

A new residential area has been built on industrial wastelands with a palm kernel oil warehouse, brewery, glass factory, and Galvanischem Werk – in an attractive inner-city location between the River Spree and Rummelsburg Lake. The urban master plan stipulated a uniform spatial structure, with visual axes from one side of the water to the other. This residential area is characterized by an urbane density that stands in contrast to the vast waterscape. While the waterside and streetside park facilities in Stralau have been designed to be stringent urban spaces, the city park that crosses perpendicular to it is more playful, flowing, and horticultural.

Gegen- und miteinander fließende Wellenbewegungen unterschiedlicher Texturen prägen die längsgestreckte Abfolge des Stadtparks. Weiß ist die Leitfarbe des Entwurfes. Eine intensive, breite Welle von Felsenbirnen, gestaffelt in unterschiedlicher Höhe, rahmt den Park nach Westen, vorgelagert fließt eine Langgraswiese, dann folgt feiner Rasen. Der Weg aus wassergebundener Decke nimmt gleichfalls die Wellenbewegung auf und schwingt bis zu einer strengen, blühenden Hecke, die die östliche Begrenzung des Parks bildet. An die Hecke schlagen kleine Wellen, ausgeformt als etwas erhöhte, multifunktional nutzbare Holzpodeste. Auf diesen Sonnendecks kann man ruhen, picknicken, faulenzen oder spielen. Die Wellen sind mit weißen Ortbetonbändern gefasst. Weiße Betonsitzelemente rhythmisieren den Park quer zu seiner Hauptausrichtung.

Erstrahlt der Park im Frühling durch die weiß blühenden Felsenbirnen und Prachtspierenhecke in besonderer Frische, so verändert sich der Eindruck im Herbst: Dann verfärben sich die Vegetationsbilder in ein tiefes leuchtendes Rot und geben dem Park eine angenehme Wärme. Die rahmenden Pflanzungen geleiten beschwingt durch den Park bis zur Uferpromenade, die das Panorama des Rummelsburger Sees eröffnet. Die Uferpromenade ist im Sinne des Bestandes weiterentwickelt, jedoch als grünes Ufer. Akzente bieten hier die vorgefundenen Höhenunterschiede, die eine sanfte Wiesenböschung ausformen, in die Sitzstufen eingelassen sind, ein kleiner Pavillon und die alten Pappeln, die dem Sitzplatz am Wasser einen Rücken geben.

The elongated sequence of this city park is characterized by wave movements of various textures that flow with and against each other; white is the defining color of the design. The park is framed to the west by an intense wide wave of snowy mespilus, tiered in different heights, followed by a meadow of long grasses and then a lawn of fine grass. The path, a waterbound deck, also takes up the wave movement, swaying up to a stringent, blossoming hedge, which forms the eastern boundary of the park. Small waves beat at the hedge, shaped from slightly raised multi-functional wooden platforms. People can rest, picnic, laze around, or play on these sun decks. The waves are framed by white ribbons of in-situ concrete. White concrete seating elements give the park a rhythm perpendicular to its main direction of orientation.

While the park emanates a particular freshness in spring with its white blossoming snowy amelanchier and spiraea hedges, this changes in fall when the vegetation is colored in a flowing red, giving the park a pleasant warmth. The framing planting guides you cheerfully through the park to the waterside promenade, where the Rummelsburg Lake panorama opens up. This promenade has been developed out of the original situation into a green waterside. Existing differences in height provide accents; they shape a soft meadow embankment, into which seating steps have been embedded, as well as a small pavilion and the old poplar trees, which provide back support to the seating area at the water.

WELLENREITEN LEICHT GEMACHT

1 Jahr, 12 Monate

JANUAR →

1 Jahr, 12 Monate

Über die Felder schauen oder unter den blühenden Apfelbäumen in die Frühlingssonne blinzeln, auf moosigem Grund liegen zwischen Vergissmeinnicht, die Sinne offen – ruhend.

In der Bewegung, hingegen verändert sich die Wahrnehmung – Perspektivenwechsel.

Im Gehen erschließt sich mir die Welt und die Welt erschließt sich für mich wiederum unter freiem Himmel. In die Berge gehen ist eine familiäre Prägung und damit für mich normal. Bedingt durch die Herkunft (Wien liegt am Rande der Alpen, 60 Kilometer entfernt steht der erste Zweitausender, der Schneeberg, nach Westen werden sie stetig höher) ging es per pedes meist bergauf und bergab, was nicht immer meine ungeteilte Freude fand. Jetzt aber geht es meist geradeaus, allenfalls über sanfte Endmoränen hinweg, ein Leichtes. In Erinnerung ist das Ergebnis geblieben: Gehen ist anregend, Gehen ist beruhigend, Gehen ist Meditation.

Im Gehen ordnen sich die Gedanken und Gespräche entstehen. So entwickelt sich meine Bibliothek, die ich durchstöbere, mein Archiv, in dem sich alles findet, was ich brauche: Energie, Ruhe und Bewegung, Vielfalt und Einfachheit, Licht und Schatten, unendliche Farben und Materialien, alle Wetter, Gerüche, Bilder, Inspirationen, Fragen und Antworten.

Als stete Quelle sind die sandigen Gründe der Wahlheimat Brandenburg gerade recht, eine Landschaft, die in ihrer Gelassenheit und Schlichtheit dennoch so vielschichtig und herb-heiter daherkommt, so weit wie die Felder, die Wälder, die Wasser, der Himmel, so leer, so freiraumgebend.

One Year, Twelve Months

Being outside.

Gazing over fields or blinking in the spring sun under blossoming apple trees, lying on mossy ground among forget-me-knots, the senses open-resting.

In contrast, your perception changes while in motion – a change of perspective.

The world starts to make sense while walking, and the world starts to make sense to me in the open air. I picked up the habit of walking in the mountains from my family, so it is normal to me. Because of where I come from (Vienna is situated close to the Alps, the first 2,000-meter peak, the Schneeberg, is only sixty kilometers to the west and they get higher from there) 60 km away) we went on foot up and down mountains, which I was not always entirely pleased about. However, now the path is usually straight, at best over soft moraines; a lightness. The essence has remained in memory: walking is inspiring, walking is comforting, walking is meditation.

Thoughts are sorted while walking and conversations are had. This is how my library grows, which I browse through; my archive in which everything that I need is kept: energy, calmness, diversity and consistency, light and shadow, endless colors and materials, all weathers, smells, images, inspiration, questions and answers.

The sandy grounds of our chosen home – Brandenburg – are a perfect, consistent source, a landscape which so often comes across as multi-layered and harshly sanguine in its serenity and frugality; so vast its fields, the forests, the water, the heavens, so empty, so freedom-giving.

Im Fokus

Der amerikanische Künstler Donald Judd spricht von seinen Skulpturen als „spezifische Objekte". Sie sind spezifisch, weil sie einfach sind in ihrer Form und ihrer Materialität und direkt eingesetzt werden, ohne Vermittlung. Diese Einfachheit und Direktheit fördert und fordert die Wahrnehmung des Betrachters, macht ihn durch seine Auseinandersetzung und Erkenntnis zum Teil des Kunstwerkes. „Die Herstellung einer Arbeit sollte der Anfang, nicht die Erfüllung ihrer Bedeutung sein", so Peter Schjeldahl.*

„Im Fokus" sind markante Setzungen, Interventionen, die Anziehungspunkte bilden und durch ihre Größe und Prägnanz Orientierung und eine besondere, ortsspezifische Charakteristik entwickeln. Gleichzeitig verweisen sie auf die Geschichte und die Bedeutung des Ortes, machen ihn lesbar.

* Schjeldahl, Peter: „Minimalismus", in: Stemmrich, Gregor (Hg.): **Minimal art – Eine kritische Retrospektive**. Dresden/Basel 1995

The American artist Donald Judd describes his sculptures as "specific objects." They are specific because they are simple in their shape and materiality and they can be inserted directly, without mediation. Their simplicity and directness nourishes and challenges the perception of the observer; this encounter and insight makes the visitor part of the work of art. "The production of a work should represent the beginning rather than the fulfillment of its meaning," according to Peter Schjeldahl.

"In Focus" objects are prominent insertions, interventions that create points of attraction; they develop a special place-specific character through their size and the incisiveness of their orientation. They simultaneously make reference to the history and significance of a place, making it readable.

ZAUBERWÄLDCHEN | 234-235

Dahinter verbirgt sich ein unscheinbares, spontan gewachsenes Ruderalwäldchen auf der ehemaligen Bauschuttdeponie. Es hat sich zu einer Bauminsel im zentralen Bereich der Landesgartenschau Wernigerode 2006 gewandelt, erhält eine glänzende Rahmung, einen Reif aus Metall. Dieser verleiht dem Wäldchen eine Aura des Besonderen, beschützt das vermeintlich Wertlose. Stege geleiten hinein in das Innere. Hier glitzern und blinken verborgene Schätze im dunklen Waldesgrund, die Sage von den Zwergen von Wernigerode erwacht zu neuem Leben.

MINERALIENSCHLUCHT | 236-237

Mit ihren bis zu sieben Meter hohen, senkrecht aufsteigenden Gabionenwänden aus Harzer Kalkstein erzählt die „Mineralienschlucht" vom Bergbau unter Tage und von der Harzer Gebirgslandschaft und lässt ein Gefühl von Beklommenheit entstehen: Der Besucher fühlt sich wie gefangen unter der Gabionenwand – bis er schließlich erleichtert am Schreiberteich die Schlucht verlässt.

Das spezifische Objekt sucht hier den Ort und seinen Umraum, vermengt Geschichte und Gegenwart, um die Zukunft zu finden.

KUGELFANG | 238-239

Der verwilderte Kugelfang des ehemaligen Schießplatzes im Auwald von Tulln am Ende der Lichtungsgärten wird als markantes Bestandselement im Rahmen der Landesgartenschau 2008 wieder freigestellt und als pyramidal-skulpturales Erdwerk modelliert. Er wird zum Mirador. Über Treppen und Rampen begehbar, bietet er den Rückblick über das Gartenschaugelände.

LITTLE MAGIC WOOD | 234-235

This refers to an unassuming, naturally grown ruderal copse on a former building rubble dump. It has now been transformed into an island of trees in the central area of the 2006 Wernigerode Regional Garden Show, and has been given a gleaming frame: a ring of metal. It adds a special aura to the copse, protecting the supposedly invaluable. Platforms take you to the interior. Hidden treasures sparkle and shine on the dark forest floor, the tale of the dwarves of Wernigerode has been revived.

MINERAL GORGE | 236-237

The "mineral gorge" with its up to seven-meter-high perpendicular stony walls of Harz limestone, tells the story of underground mining and of the Harz mountainscape, while also creating a feeling of apprehension; the visitor feels trapped under its gabion wall until ultimately leaving the canyon at the Schreiberteich Pond with a feeling of relief.

This specific object is searching for the place and its surroundings here, combining history and the present to find the future.

BULLET TRAP | 238-239

The overgrown bullet trap of a former shooting range in Tulln alluvial forest, at the end of the at the end of the clearing gardens, has been cleared and made into a prominent original element within the context of the 2008 Regional Garden Show. It was modeled as a pyramidal sculptural earthwork; it became a mirador. Accessible via stairs and ramps, it provided a view back over the garden show grounds.

ZAUBERWÄLDCHEN WERNIGERODE

MINERALIENSCHLUCHT WERNIGERODE

KUGELFANG TULLN

Entwerfen ist ein Prozess. Denken heißt weiterdenken.

Design is a process. Thinking means thinking further.

Gibt es ein Ende, einen Schlußpunkt? | Is there an end, a final line?

Wir arbeiten mit lebenden Materialien. Sie wachsen und verändern sich.

We work with living materials. They grow and change.

Im jahreszeitlichen Wandel entsteht ein sich stets veränderndes Bild.

An ever-changing scene is born with the alternating seasons.

In der Landschaftsarchitektur gibt es deshalb nie einen Schlusspunkt.

There is therefore never a final line in landscape architecture.

Der Entwurf ist nie „zu Ende". Er entwickelt sich stets weiter.

The design is never "complete." It continually develops further.

No, everything is in development, a circuit.

      Nein, alles ist Entwicklung, ein Kreislauf.

In that sense each end is also a beginning.

      Somit ist jedes Ende auch ein Anfang.

There is no end to landscape ...

    Die Landschaft hat kein Ende ...

„Am Ende wird alles gut, wenn es nicht gut wird,

    "Everything will be good in the end, if it isn't good,

ist es noch nicht das Ende." Oscar Wilde

    its not the end." Oscar Wilde.

Schöne neue Welt

Das Schwärmerische, Unerfüllbare, Unwirkliche, der fantastische Moment der ersten, skizzenhaften Idee, das Wunschdenken sind die Triebkräfte unserer Arbeit. Manche Entwürfe müssen über das normale Maß hinausgehen, den Horizont erweitern, Träume und Hoffnungen wecken. Selbst wenn sie dann nicht umgesetzt werden, regen sie zum Nachdenken an – uns wie andere – provozieren, öffnen verschlossene Türen. Utopische Momente, mögliche Räume ...

The enthusiastic, unachievable, unreal, the fantastic moment of the first sketchy idea, wishful thinking, are the driving forces behind our work. Some designs must go beyond normal parameters, widen horizons, awaken dreams and hopes. Even if they cannot ultimately be realized, they prompt reflection within ourselves and others, they open closed doors. Utopian moments, potential spaces ...

„Das Mögliche ist beinahe unendlich, das Wirkliche streng begrenzt, weil doch nur eine von allen Möglichkeiten zur Wirklichkeit werden kann.
Das Wirkliche ist nur ein Sonderfall des Möglichen, und deshalb auch anders denkbar.
Daraus folgt, dass wir das Wirkliche umzudenken haben, um ins Mögliche vorzustoßen."

Friedrich Dürrenmatt in *Justiz*

"The possible is almost infinite, the real is strictly limited because, of all the possibilities, only one can become reality.
The real is only a special case of the possible and for that reason it could be conceived differently.
This implies that we must rethink the real in order to push forward into the unknown."

Friedrich Dürrenmatt in *Justiz*

LANDESGARTENSCHAU HEMER 2010 – LANDSCHWINGEN | 246-247

Die Stadt Hemer, am nördlichen Rand des Sauerlandes gelegen, wollte im Rahmen der Landesgartenschau eine ehemalige NS-Kaserne mit ihrer unheilvollen Geschichte, ihrer rigiden Orthogonalität und ihrem hermetischen Charakter zum neuen Kulturquartier umdeuten. Das Konzept löst die strenge Anordnung der vorhandenen Bau- und Wegestruktur auf. „Schwerter zu Pflugscharen" – so der Arbeitstitel – ist der Versuch eines Neustartes. Die Topografie des Geländes spielt dabei eine wesentliche Rolle. Den Höhenschichtlinien folgend, die innerhalb der Kaserne stark geschliffen wurden, wird die Topografie durch Trockenmauern aus Schiefergestein wieder höhengestuft terrassiert und sichtbar gemacht. „Kulturterrassen" – als künstliche Überformung – prägen nun das gesamte Kasernengebiet. Sie gliedern den Raum durchgängig und lösen gleichzeitig die strenge städtebauliche Figur der Kaserne durch ihre fließenden Formen auf. Sie binden den neuen Stadtteil in die umgebende Landschaft ein und bieten eine neue, zukunftsweisende Offenheit für die ehemals abgeschlossene, von der eigentlichen Stadt hermetisch getrennte Kaserne.

Die Terrassen unterscheiden sich thematisch, vom Festplatz mit den Gartenterrassen über die „Sport- und Spielterrassen", die „Hängenden Gärten" bis zu den „Naturgärten". Vom Eingangsplatz bei den Propyläengebäuden her kommend wird eine zentrale Sichtachse mit begleitendem Weg angeordnet, die als „Himmelsleiter" hinauf zum Jüberg mit einem neuen Aussichtsturm führt. Die „Erzader" erschließt das Gelände in entgegengesetzter Richtung entlang der Waldrandkante von der „Eisenquelle" zum „Felsenmeer". Am Kreuzungspunkt mit der Himmelsleiter entsteht ein großer Stadtbalkon als verbindendes Platzgelenk.

SPIELBUDENPLATZ HAMBURG | 248-249

Der vernachlässigte Spielbudenplatz im Zentrum des Hamburger Kiezes St. Pauli liegt in einem lebendigen, bunten Stadtquartier.

Eine zweite Haut legt sich geschmeidig über die vorhandene Platzfläche sowie ihre städtischen Ausstülpungen und fasst die geteilten Platzhälften zu einem einheitlichen Körper zusammen. Die Fläche wird zur ebenen, multifunktional nutzbaren, glatten Oberfläche. Die Ausstülpungen dienen als Café, Kiosk/Imbiss, Tattoo-/Piercing-Studio, Tiefgaragenzufahrt und Sitzelemente.

Der Platz ist sorgsam in einem an traditionelle Tribalgrafik angelehnten Stil „tätowiert": Ausdruck der Andersartigkeit, des Tabubruches und der Provokation. Er birgt in sich das Laute, Lebendige und Pompöse einer Metropole, aber auch das Lasterhafte, Verrückte und Schmerzhafte einer Großstadt, das sich besonders im Kiez von St. Pauli findet. Das „Tattoo" referiert auf den Ort und seinen Wandel in der öffentlichen Wahrnehmung und Funktion: vom lasterhaften, schmuddeligen Randbezirk zum hippen Aushängeschild der Stadt.

GMÜNDER DELTA | 250-251

Das „Gmünder Delta", ein Wettbewerbsbeitrag für die Landesgartenschau Schwäbisch-Gmünd 2014, befasst sich mit der Neugestaltung des Mündungsbereiches des Josefsbaches in die Rems als dem Ort einer Inszenierung. Es handelt sich um eine großzügig ausgeweitete Wasserfläche, gefasst von einer Kubatur aus verschachtelten Mauern, Terrassen, Treppen und Plateaus, die sich auf vielfältige Weise dem Wasser nähern, als neuer Dreh- und Angelpunkt, als Gelenk zwischen Altstadt, Bahnhof und Stadtgarten.

Auf der Altstadtseite entsteht der neue, verkehrsfreie „Delta-Platz" mit einer großen Sitzstufenanlage hinunter zum Wasser. Der Platz wird zum Entree in die Altstadt. Der Entwurf sprengt die Dimensionen der Enge und ordnet diesen wichtigen, vernachlässigten Stadtraum neu. Das bis dato unsichtbare Wasser der beiden Flüsse wird als zentrales Freiraumelement der Stadt inszeniert.

HEMER REGIONAL GARDEN SHOW 2010 – ROLLING LANDSCAPE | 246-247

As part of the Hemer Regional Garden Show, the town of Hemer, on the northern edge of the Sauerland area, wished to reinterpret a former Nazi barracks with a calamitous history, its rigid orthogonality, and its hermetic character, into a new cultural quarter.

The concept dissolves the stringent order of the existing built and path structures. "Swords to Plow Blades," the working title, is an attempt at a new beginning.

The topography of this area has an important role to play. Following contour lines, which were ground down when it was a barracks, the topography has again been terraced to varying heights and made visible using dry shale walls. "Cultural terraces" – as an artificial transformation – now characterize the whole barrack- covering undergrowth.

They structure the space and their flowing forms break up the stringent urban figure of the barracks. They thus integrate this new part of town into the surrounding landscape and provide a new, future-oriented openness to the formerly closed barrack complex, which used to be completely separated from the town. The terraces have different themes, from the festival square with garden terraces to the "Sport and Play Terraces" to the "Hanging Gardens" and the "Natural Gardens."

SPIELBUDENPLATZ HAMBURG | 248-249

The neglected Spielbudenplatz at the center of the St. Pauli neighborhood in Hamburg is located in a lively colorful urban area.

A second skin lies smoothly over the exiting open area and its urban protrusions, consolidating the divided halves of the same to make them a unified volume. The area has become an even, multi-functional, smooth surface. The protrusions serve as café, kiosk, tattoo and piercing studio, underground car park entrance, and seating elements.

The square has been carefully "tattooed" in a style, which references traditional tribal graphics and an expression of otherness, breaking taboos, and provocation. It harbors the loud, lively, and pompous of a metropolis as well as the deprivation, madness, and pain of a large city, which can particularly be found in the St. Pauli neighborhood. The "tattoo" refers to the place and its transformation in public perception and its function; from a depraved, grubby fringe district to a hip flagship of the city

GMÜNDER DELTA | 250-251

The "Gmünder Delta," a competition entry for the 2014 Schwäbisch-Gmünd Regional Garden Show, addresses the reconfiguration of the estuary area, where the Josefbach stream flows into the River Rems, into a show place. The area comprises a vast, expansive body of water framed by a cubature of intertwining walls, terraces, stairs, and plateaus, which approach the water in multifarious ways as a new hub, a link between the old town, the station and the town park.

A new pedestrianized "Delta Square" will be created on the old town side with a large seating step area leading down to the water. The square has become the entrance to the town. The design breaks out of the narrowness and reorders this important neglected urban space. The currently hidden water of both rivers will be orchestrated to become a central outdoor element of the town.

„KULTURTERRASSEN" LANDESGARTENSCHAU HEMER 2010

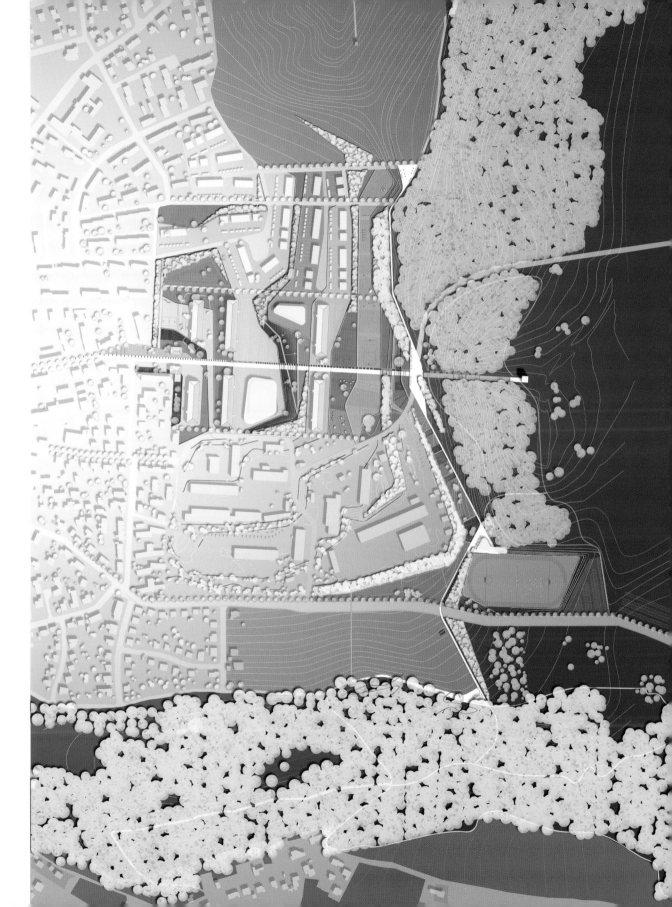

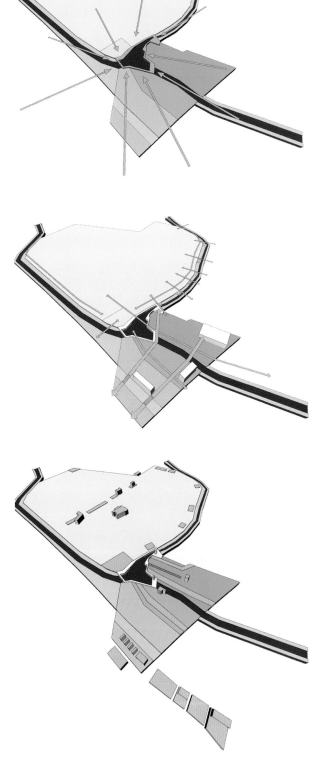

„GMÜNDER DELTA"
LANDESGARTENSCHAU SCHWÄBISCH-GMÜND 2014

Ist öko logisch?

Nachdem die Endlichkeit der natürlichen Ressourcen auf unserem Planeten offensichtlich und das erschreckende Ausmaß menschlicher Eingriffe in die empfindlichen Ökosysteme der Erde mit dem Klimawandel augenscheinlich geworden sind, werden ökologische Zusammenhänge und Fragestellungen zum Gebot der Stunde. Der Begriff der Nachhaltigkeit ist heute in aller Munde. Die globalen weltwirtschaftlichen Verflechtungen und Abhängigkeiten machen ernsthafte Auseinandersetzung und gemeinsames Handeln zur Pflicht.

Die Ökologie ist die wissenschaftliche Basis unserer Profession und eine wichtige Grundlage unseres Tuns. Der Fragilität natürlicher Ressourcen und Ökosysteme und ihrer schonungslosen Ausbeutung und Störung steuern wir sowohl durch konservierende als auch reproduzierende, ausgleichende Planung entgegen. Dabei spielen Schadstoffbindung, Grundwasserneubildung, Erosionsschutz, Hochwasserschutz, Frischluftproduktion und Ökosystemanreicherung eine selbstverständliche Rolle in der täglichen Arbeit.

Geeignete Maßnahmen, wie differenzierte Pflanzungen, Renaturierung von Fließgewässern, dezentrale Versickerung des Niederschlagswassers, Altlastensanierung, Ressourcenschonung durch Einsatz langlebiger Baustoffe und Materialrecycling sowie die Verwendung regionaler Baustoffe zur Minderung der Transportwege, finden ihren Ausdruck im Planwerk. Das gilt für den globalen, regionalen oder örtlichen Maßstab.

Ökologie und Gestaltung stellen dabei keinen Widerspruch dar, ganz im Gegenteil. Form und Funktion müssen sich auch hier entsprechen; die vermeintlich funktionalen Maßnahmen haben immer auch eine emotionale, poetische Seite, denen mit Authentizität und gestaltgebendem Anspruch begegnet wird.

Ecological correlations and related issues have become topical since awareness of the finiteness of natural resources on our planet has grown, and since the shocking extent of human interference in the earth's fragile ecological system has been revealed through climate change. Everyone is now familiar with the term sustainability. Global economic interrelations and dependencies have made serious contention and common action a necessity.

Ecology forms the scientific basis of our profession and an important foundation of our work. We use conservational, reproductive and balanced planning to work against the blatant abuse and destruction of fragile natural resources and ecological systems. Pollutant fixation, ground water recharge, erosion prevention, flood protection, fresh air generation, and ecosystem enhancement are self-evident elements of our daily work.

Appropriate steps such as differentiated planting, renaturalization of flowing water bodies, decentralist rainwater percolation, remediation, resource protection by using long-lasting materials, material recycling, and using regional building materials to reduce transport, all find application within our planning – on global, regional and local levels.

Ecology and design do not therefore have to contradict each other; quite the opposite. Form and function must be able to correspond; functional measures always have an emotional, poetic side, which is addressed with authenticity and quality of form.

REPOSITIONSPFLANZUNG SCHREIBERTEICH |
258-259

Eines der wesentlichen Fördermittel für die Landesgartenschau Wernigerode 2006 waren die Mittel für
den Bodenschutz. Die ehemalige Bauschuttdeponie
wurde auf Basis eines Sanierungsgutachtens abge-
dichtet, um zu vermeiden, dass weitere freigelegte
Schadstoffe in das Grundwasser gelangen. Das Ober-
flächenwasser wird gesammelt und über bepflanzte
und thematisch gestaltete Verdunstungsbecken ab-
geleitet. Insbesondere der vom Grundwasserstrom
beeinflusste Schreiberteich befand sich in einem ökologisch sehr schlechten Zustand. Die Grundwasserzu-
flüsse aus der angrenzenden Deponie hätten weiterhin
Schadstofffrachten eingetragen und zur Bildung von
Faulschlamm geführt. Um dies zu vermeiden, wurde
ein bewachsener Bodenfilter mit einer Repositions-
pflanzung aus besonders schadstoffbindendem Schilf
und Seggenarten vorgesehen, welche das anströmen-
de Grundwasser (bei Eintritt in das Oberflächenwas-
ser) reinigt. Holzstege führen durch diese attraktive
und ökologisch wertvolle Pflanzung.

Heute hat der Anglerverein Wernigerode die Fischteiche gepachtet und kümmert sich um Pflege und
Unterhaltsmaßnahmen. Von A wie Aal bis Z wie Zander
findet sich eine breite Palette von Speisefischen in
den Teichen.

SCHREIBERTEICH POND REPOSITION PLANTING |
258-259

Funds for soil protection proved to be one of the most
important sources of subsidies for the Wernigerode
regional garden show. Professional consultation led
the old building-rubble dump to be sealed to prevent
further hazardous substances from seeping into the
ground water. The surface water is collected and led
away via thematically arranged evaporation basins with
planted borders. The Schreiberteich Pond, which is
directly influenced by groundwater flow, was in an
especially bad ecological condition. The groundwater
flowing in from the neighboring dump would have
continued to carry hazardous substances into it and
led to the formation of putrid sludge. To avoid this, a
green soil filter with repositioning plants of particularly
pollutant-fixing reed and sedge varieties was planned
to purify the incoming groundwater (on entry into the
surface water). Wooden walkways lead through these
attractive and ecologically valuable plants.

Wernigerode Angling Association now holds a lease
on the fishponds and is responsible for their upkeep.
A wide range of food fish can now be found in the ponds.

Projektregister | Team

Natur in Alzenau 2015, Bayern
Regional Garden Show

GRÖSSE | SIZE
76.500 m²

KUNDE | CLIENT
Natur in Alzenau 2015 GmbH

WETTBEWERB | COMPETITION
2010, 1st prize

PLANUNG UND UMSETZUNG |
PLANNING AND REALIZATION
2011-2014

Wohnbebauung Rötlein Zeulenroda,
Thüringen Residential Environment

GRÖSSE | SIZE
22.800 m²

KUNDE | CLIENT
Stadt Zeulenroda-Triebes und
Allgemeine Wohnungsgenossenschaft
„Solidarität" Zeulenroda e.G

ARCHITEKTEN | ARCHITECTS
thoma architekten

WETTBEWERB | COMPETITION
2011, 1st prize

IGS Hamburg-Wilhelmsburg 2013,
Jardin Amazonas und Chinesischer Garten
Theme Gardens
at International Garden Show

GRÖSSE | SIZE
500 m²

KUNDE | CLIENT
IGS Hamburg-Wilhelmsburg 2013 GmbH

PLANUNG UND UMSETZUNG |
PLANNING AND REALIZATION
2010-2012

Justizzentrum Bochum, NRW
Center of Justice, Courtyards

GRÖSSE | SIZE
27.300 m²

KUNDE | CLIENT
Hascher+Jehle
Planungsgesellschaft mbH

ARCHITEKTEN | ARCHITECTS
HASCHER JEHLE Architektur

PLANUNG UND UMSETZUNG |
PLANNING AND REALIZATION
2010-2014

Landesgartenschau Löbau 2012, Sachsen
Regional Garden Show

GRÖSSE | SIZE
140.000 m²

KUNDE | CLIENT
Landesgartenschau Löbau 2012 gGmbH

ARCHITEKTEN | ARCHITECTS
thoma architekten

BAULEITUNG | CONSTRUCTION MANAGEMENT
Jörg Bresser für hutterreimann

WETTBEWERB | COMPETITION
2008, 1st prize

PLANUNG UND UMSETZUNG |
PLANNING AND REALIZATION
2009-2012

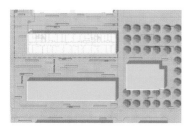

Bundesinstitut für Risikobewertung,
berlinbiotechpark
Entrance Square

GRÖSSE | SIZE
2.010 m²

KUNDE | CLIENT
GPAI GmbH

ARCHITEKTEN | ARCHITECTS
Gewers und Pudewill Architekten

PLANUNG UND UMSETZUNG |
PLANNING AND REALIZATION
2009-2011

Wohnen am Campus, Öffentliche Plätze
und Grünflächen, Berlin-Adlershof
Residential Contruction, Public Open
Spaces (park, green square, playground)

GRÖSSE | SIZE
28.450 m²

KUNDE | CLIENT
Adlershof Projekt GmbH

PLANUNG UND UMSETZUNG |
PLANNING AND REALIZATION
2011-2014

Landesgartenschau Öhringen 2016,
Baden-Württemberg
Regional Garden Show

GRÖSSE | SIZE
270.000 m²

KUNDE | CLIENT
Große Kreisstadt Öhringen

ARCHITEKTEN | ARCHITECTS
Gewers und Pudewill Architekten

WETTBEWERB | COMPETITION
2010, Honorable Mention

Heinrich-Heine-Universität Düsseldorf,
ENB 26 und Neubau Bio,
Nordrhein-Westfalen
University Campus Grounds

GRÖSSE | SIZE
13.100 m²

KUNDE | CLIENT
Hascher Jehle
Bauplanungsgesellschaft mbH

ARCHITEKTEN | ARCHITECTS
HASCHER JEHLE Architektur

PLANUNG UND UMSETZUNG |
PLANNING AND REALIZATION
2010-2014

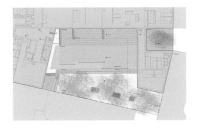

Wohnhaus Linienstraße, Berlin
Residential Courtyard Garden

GRÖSSE | SIZE
470 m²

KUNDE | CLIENT
GPAI GmbH

ARCHITEKTEN | ARCHITECTS
Gewers und Pudewill Architekten

PLANUNG UND UMSETZUNG |
PLANNING AND REALIZATION
2009-2011

Nelson-Mandela-Platz, Nürnberg
Public Square

GRÖSSE | SIZE
15.700 m²

KUNDE | CLIENT
Stadt Nürnberg

WETTBEWERB | COMPETITION
2009, 1st prize

Mercatorinsel, Duisburg
Post industrial Park

GRÖSSE | SIZE
50.000 m²

KUNDE | CLIENT
Stadt Duisburg

ARCHITEKTEN | ARCHITECTS
thoma architekten

WETTBEWERB | COMPETITION
2009, 1st prize

Natur in Tirschenreuth 2013, Bayern
Regional Garden Show

GRÖSSE | SIZE
150.000 m²

KUNDE | CLIENT
Natur in Tirschenreuth 2013 GmbH

ARCHITEKTEN | ARCHITECTS
thoma architekten

WETTBEWERB | COMPETITION
2009, honorable mention

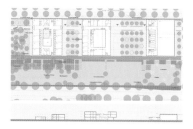

Grundschule mit Hort Bornstedter Feld,
Potsdam
Schoolyards, playgrounds, sport facilities

GRÖSSE | SIZE
14.140 m²

KUNDE | CLIENT
Entwicklungträger Bornstedter Feld GmbH

ARCHITEKTEN | ARCHITECTS
Arge Thoma und KLP Architekten

WETTBEWERB | COMPETITION
2008, 1st prize

PLANUNG UND UMSETZUNG |
PLANNING AND REALIZATION
2008-2011

Liesinger Platz, Wien-Liesing
Public square and park

GRÖSSE | SIZE
22.000 m²

KUNDE | CLIENT
Stadt Wien, Magistratsabteilung 19 –
Architektur und Stadtplanung

ARCHITEKTEN | ARCHITECTS
HUSS HAWLIK Architekten

GUTACHTEN | EXPERT REPORT
2007

PLANUNG UND UMSETZUNG |
PLANNING AND REALIZATION
2008-2011

Wohnanlage U2 Aspernstraße,
Wien-Donaustadt
Residential Environment

GRÖSSE | SIZE
10.000 m²

KUNDE | CLIENT
Bauträger Austria Immobilien GmbH

ARCHITEKTEN | ARCHITECTS
Schindler & Szedenik Architekten

PLANUNG UND UMSETZUNG |
PLANNING AND REALIZATION
2007-2011

Westuferpark, Ufergrünzug Parkstraße-
Nordhafen, Berlin-Spandau
Public Waterfront Park

GRÖSSE | SIZE
12.520 m²

KUNDE | CLIENT
Wasserstadt GmbH, Bezirksamt Spandau
von Berlin Grünflächenamt

PLANUNG UND UMSETZUNG |
PLANNING AND REALIZATION
2007-2010

Landesgartenschau Schwäbisch-Gmünd
2014, Baden-Württemberg
Regional Garden Show

GRÖSSE | SIZE
170.000 m²

KUNDE | CLIENT
Stadt Schwäbisch-Gmünd

ARCHITEKTEN | ARCHITECTS
A_lab architekten, Jens Schmahl

WETTBEWERB | COMPETITION
2007, 1st prize

Wohnumfeldverbesserung Ullsteinstraße,
Berlin-Tempelhof
Residential Environment

GRÖSSE | SIZE
1.280 m²

KUNDE | CLIENT
bbg Berliner Baugenossenschaft eG

PLANUNG UND UMSETZUNG |
PLANNING AND REALIZATION
2008-2010

Theatervorplatz Gütersloh
Theater Square

GRÖSSE | SIZE
6.450 m²

KUNDE | CLIENT
Stadt Gütersloh

WETTBEWERB | COMPETITION
2008, 2nd prize

Landesgartenschau Deggendorf 2014,
Bayern Regional Garden Show

GRÖSSE | SIZE
120.000 m²

KUNDE | CLIENT
Stadt Deggendorf

ARCHITEKTEN | ARCHITECTS
A_lab architekten, Jens Schmahl

INGENIEURE | CIVIL ENGINEERS
B+G, Bollinger und Grohmann Ingenieure
GmbH

WETTBEWERB | COMPETITION
2008, 4th prize

Landesgartenschau Hemer 2010,
Nordrhein-Westfalen
Regional Garden Show

GRÖSSE | SIZE
261.000 m²

KUNDE | CLIENT
Stadt Hemer

ARCHITEKTEN | ARCHITECTS
A_lab architekten, Jens Schmahl

WETTBEWERB | COMPETITION
2007, 3rd prize

Neugestaltung Markt/Tuchmarkt
Zeulenroda, Thüringen
Public Square

GRÖSSE | SIZE
5.300 m²

KUNDE | CLIENT
Stadt Zeulenroda-Triebes

ARCHITEKTEN | ARCHITECTS
thoma architekten

WETTBEWERB | COMPETITION
2007, 3rd prize

Bundesgartenschau Schwerin 2009,
Ausstellungsplanung Garten am Marstall
National Garden Show

GRÖSSE | SIZE
40.000 m²

KUNDE | CLIENT
Bundesgartenschau Schwerin 2009 GmbH

WECHSELFLOR UND ROSEN |
FLOWERS AND ROSES
Hanne Roth mit OLP

WETTBEWERB | COMPETITION
2006, 1st prize

PLANUNG UND UMSETZUNG |
PLANNING AND REALIZATION
2007-2009

Gestaltungskonzept Freiflächen
Schloß Lackenbach, Burgenland
Reconstruction and Modernisation
of Historical Park

GRÖSSE | SIZE
120.000 m²

KUNDE | CLIENT
Esterházy Betriebe GmbH

PLANUNG | PLANNING
2007

Machbarkeitsuntersuchung „Wohnen mit
der Landschaft im Kirchdorfer Osten",
Hamburg-Wilhelmsburg
Urban and Landscape Planning Study

GRÖSSE | SIZE
400.000 m²

KUNDE | CLIENT
Internationale Bauausstellung GmbH

ARCHITEKTEN | ARCHITECTS
Hegger Hegger Schleiff
Planer + Architekten AG

PLANUNG | PLANNING
2007

Neubau Rems-Murr-Kliniken Winnenden,
Baden-Württemberg
Health Center Environment

GRÖSSE | SIZE
63.660 m²

KUNDE | CLIENT
Rems-Murr-Kliniken gGmbH

ARCHITEKTEN | ARCHITECTS
HASCHER JEHLE Architektur

WETTBEWERB | COMPETITION
2006, 1st prize

PLANUNG UND UMSETZUNG |
PLANNING AND REALIZATION
2006 - 2012

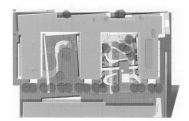

Hakoah- und Maimonides-Zentrum,
Wien-Leopoldstadt
Jewish Community Center campus
and courtyards

GRÖSSE | SIZE
11.800 m²

KUNDE | CLIENT
Feiger Architekten

ARCHITEKTEN | ARCHITECTS
Feiger Architekten

PLANUNG UND UMSETZUNG |
PLANNING AND REALIZATION
2006 - 2009

Erweiterung mit Neubau Grundschule
und Hort, Berlin-Dahlem
School campus grounds

GRÖSSE | SIZE
4.800 m²

KUNDE | CLIENT
Königin-Luise-Stiftung

ARCHITEKTEN | ARCHITECTS
Hülsmann Büro für Architektur und
Stadterneuerung

PLANUNG UND UMSETZUNG |
PLANNING AND REALIZATION
2006 - 2008

Wohnumfeldverbesserung
Mariendorfer Damm, Berlin-Tempelhof
Residential Environment

GRÖSSE | SIZE
1.100 m²

KUNDE | CLIENT
bbg Berliner Baugenossenschaft eG

PLANUNG UND UMSETZUNG |
PLANNING AND REALIZATION
2006 - 2007

Park auf dem Gleisdreieck,
Berlin-Kreuzberg/Schöneberg
Post Industrial Park

GRÖSSE | SIZE
232.000 m²

KUNDE | CLIENT
Land Berlin

STADTPLANUNG | URBAN PLANNING
Stein + Schultz Stadt-, Regional-
und Freiraumplaner

WETTBEWERB | COMPETITION
2006, 2nd prize

Bundesgartenschau Koblenz 2011,
Rheinland-Pfalz
National Garden Show

GRÖSSE | SIZE
407.000 m²

KUNDE | CLIENT
Bundesgartenschau Koblenz 2011 GmbH

ARCHITEKTEN | ARCHITECTS
b.i.s. architekten

WETTBEWERB | COMPETITION
2006, 3rd prize

Campus am Stern, Potsdam
School campus ground with sport facilities

GRÖSSE | SIZE
45.100 m²

KUNDE | CLIENT
Landeshauptstadt Potsdam

ARCHITEKTEN | ARCHITECTS
thoma architekten

WETTBEWERB | COMPETITION
2006, 3rd prize

Niederösterreichische Landesgartenschau Tulln 2008, Niederösterreich
Regional Garden Show

GRÖSSE | SIZE
450.000 m²

KUNDE | CLIENT
1. NÖ LGS Tulln 2008 Planungs- und
Errichtungsgesellschaft m.b.H.

ARCHITEKTEN | ARCHITECTS
A_lab architektur, Jens Schmahl, Berlin

BAULEITUNG | CONSTRUCTION MANAGEMENT
Christian Pfeuffer für hutterreimann+cejka

WETTBEWERB | COMPETITION
2004, 2nd prize

PLANUNG UND UMSETZUNG |
PLANNING AND REALIZATION
2005-2008

Neugestaltung Vorplatz Kultur- und
Theatersaal Nordhorn, Niedersachsen
Theater Square

GRÖSSE | SIZE
1.600 m²

KUNDE | CLIENT
Stadt Nordhorn, Hochbauamt

PLANUNG UND UMSETZUNG |
PLANNING AND REALIZATION
2005-2006

Codico Außenanlagen,
Perchtoldsdorf, Niederösterreich
Office-building Environment (entrance-
square, garden, sport-facilities, parking-
lot)

GRÖSSE | SIZE
4.200 m²

KUNDE | CLIENT
Codico Handels Ges.m.b.H

ARCHITEKTEN | ARCHITECTS
Hawlik Architekten

PLANUNG UND UMSETZUNG |
PLANNING AND REALIZATION
2004-2007

Dessau – Straßen und Plätze Bauhaus bis
Bahnhof, Sachsen-Anhalt
Bauhaus University Campus Grounds

GRÖSSE | SIZE
56.000 m²

KUNDE | CLIENT
Stadt Dessau, Stadtplanungsamt

ARCHITEKTEN | ARCHITECTS
büro13 Architekten
A24 Architekten

WETTBEWERB | COMPETITION
2004, 2nd prize

Entréesituation der Festung Ehrenbreitstein, Rheinland-Pfalz
Entrance situation of a historical fortress

GRÖSSE | SIZE
270.000 m²

KUNDE | CLIENT
Land Rheinland-Pfalz

ARCHITEKTEN | ARCHITECTS
Planwerk 590 Architekten

WETTBEWERB | COMPETITION
2004, 2nd prize

Landesgartenschau Wernigerode 2006,
Sachsen-Anhalt
Regional Garden Show

GRÖSSE | SIZE
350.000 m²

KUNDE | CLIENT
Stadt Wernigerode

ARCHITEKTEN | ARCHITECTS
A_lab architektur, Jens Schmahl, Berlin

BAULEITUNG | CONSTRUCTION MANAGEMENT
Christian Pfeuffer für hutterreimann

WETTBEWERB | COMPETITION
2003, 1st prize

PLANUNG UND UMSETZUNG |
PLANNING AND REALIZATION
2003 - 2006

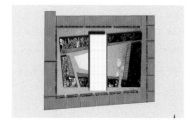

Wohnanlage Liebknechtgasse,
Wien-Ottakring
Residential Courtyard Garden

GRÖSSE | SIZE
1.100 m²

KUNDE | CLIENT
Bauträger Austria Immobilien GmbH

PLANUNG UND UMSETZUNG |
PLANNING AND REALIZATION
2001-2002

„Wienerwaldinseln", Wohnanlage
Seitenberggasse, Wien-Ottakring
Residential Environment and roof gardens

GRÖSSE | SIZE
9.000 m²

KUNDE | CLIENT
Bauträger Austria Immobilien GmbH

ARCHITEKTEN | ARCHITECTS
Schindler & Szedenik Architekten

PLANUNG UND UMSETZUNG |
PLANNING AND REALIZATION
2001-2003

Hauptplatz Krensdorf, Burgenland
Public Square

GRÖSSE | SIZE
1.000 m²

KUNDE | CLIENT
Gemeinde Krensdorf

PLANUNG UND UMSETZUNG |
PLANNING AND REALIZATION
2002-2003

Halbinsel Stralau – Uferpromenade
und Stadtpark, Berlin-Friedrichhain
Public Park, Playground and Waterfront

GRÖSSE | SIZE
14.600 m²

KUNDE | CLIENT
Wasserstadt GmbH

PLANUNG UND UMSETZUNG |
PLANNING AND REALIZATION
2002-2006

MonteLaa, Wohnbebauung am Laaer Berg,
Wien-Favoriten Residential Environment

GRÖSSE | SIZE
4.200 m²

KUNDE | CLIENT
GESIBA, Gemeinnützige Siedlungs-
und BauAG

ARCHITEKTEN | ARCHITECTS
Scheifinger Architekten, Wien

PLANUNG UND UMSETZUNG |
PLANNING AND REALIZATION
2002-2006

Esplanade Wienerbergcity,
Wien-Favoriten Public Square

GRÖSSE | SIZE
13.500 m²

KUNDE | CLIENT
Kallco Bauträger Ges.m.b.H

KUNST | ART
Susanne Dworzak-Kallinger

PLANUNG UND UMSETZUNG |
PLANNING AND REALIZATION
2003-2004

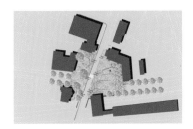

Hauptplatz Steinbrunn, Burgenland
Public Square

GRÖSSE | SIZE
1.500 m²

KUNDE | CLIENT
Gemeinde Steinbrunn

PLANUNG UND UMSETZUNG |
PLANNING AND REALIZATION
2001-2002

Bahnhofsvorplatz Birkenwerder,
Brandenburg
Public Square

GRÖSSE | SIZE
3.600 m²

KUNDE | CLIENT
Stadt Birkenwerder

WETTBEWERB | COMPETITION
2001, 1st prize

PLANUNG | PLANNING
2001

Kulturpark Oberwart, Burgenland
Public Square and Park

GRÖSSE | SIZE
13.000 m²

KUNDE | CLIENT
Stadtgemeinde Oberwart

PLANUNG UND UMSETZUNG |
PLANNING AND REALIZATION
1997-2000

Dipl. Ing. Stefan Reimann
geboren 1964 in Hameln

1983-1988
Ausbildung zum Landschaftsgärtner
und Gesellenjahre

1988-1996
Studium der Landschaftsplanung in Berlin

1993-2000
Projektleitung im Atelier Loidl, Berlin

2001
Bürogründung

Mitgliedschaften

Architektenkammer Berlin,

BDLA Bund Deutscher Landschaftsarchitekten

Dipl. Ing. Andrea Cejka
geboren 1964 in Wien

1983-1992
Studium der Landschaftsökologie
in Wien und der Landschaftsplanung in Berlin

seit 1993
Lehraufträge an der Universität für
Bodenkultur, der Hochschule für angewandte
Kunst und der Technischen Universität,
alle in Wien

Bürogründung

seit 2003
Professur für Landschaftsarchitektur
an der Hochschule für Technik Rapperswil, CH

Mitgliedschaften

Architekten- und Ingenieurkammer, Österreich,

ÖGLA Österreichische Gesellschaft für
Landschaftsarchitektur,

BSLA Bund Schweizer LandschaftsarchitektInnen

Dipl. Ing. Barbara Hutter
geboren 1963 in Wien

1983-1993
Studium der Landschaftsökologie
in Wien und der Landschaftsplanung in Berlin

1994-1995
Lehrauftrag Landschaftsbau
an der Technischen Universität Berlin

1992-2000
Projektleitung / Büroleitung im Atelier Loidl, Berlin

2001
Bürogründung

Mitgliedschaften

Architektenkammer Berlin,

BDB Bund Deutscher Baumeister,
Architekten und Ingenieure,

BDLA Bund Deutscher Landschaftsarchitekten

MitarbeiterInnen | Staff members hutterreimann+cejka Landschaftsarchitekten:

Franziska Bode, Franziska Böhmert, Christiane Kuschel, **Friederike Lichtenthal**,
Jana Neumann, **Robert Nolte**, Katja Rostock, **Christian Roeder**, Anja Schier,
Janika Schmidt, Martin Stokman, **Iris Wendt**.

Dipl. Ing. Stefan Reimann
born in 1964 in Hameln

1983-1988
landscape gardener apprenticeship
journeyman years

1988-1996
studies of Landscape Architecture in Berlin

1993-2000
project management at Atelier Loidl, Berlin

2001
office foundation

Member of

Chamber of Architects Berlin,

BDLA (Society of German Landscape Architects)

Dipl. Ing. Andrea Cejka
born in 1964 in Vienna

1983-1992
studies of Landscape Ecology in Vienna
and Landscape Architecture in Berlin

since 1993
lecturer at the University of Natural Resources
and Life Sciences, the University of Applied Arts
and the University of Technology, all in Vienna

office foundation

since 2003
professor of Landscape Architecture at the
University of Applied Science Rapperswil,
Switzerland

Member of

The Austrian Chamber of
Engineers and Architects,

ÖGLA (Austrian Landscape
Architecture Society),

BSLA (Society of Swiss Landscape Architects)

Dipl. Ing. Barbara Hutter
born in 1963 in Vienna

1983-1993
studies of Landscape Ecology in Vienna
and Landscape Architecture in Berlin

1994-1995
lecturer of Landscaping at the
Technical University of Berlin

1992-2000
project and office management at Atelier Loidl

2001
office foundation

Member of

Chamber of Architects Berlin,

BDB (Society of German Building Masters,
Architects and Engineers),

BDLA (Society of German Landscape Architects)

Impressum | Imprint

© 2012 by jovis Verlag GmbH
Das Copyright für die Texte liegt bei den Autoren.
Das Copyright für die Abbildungen liegt bei den
Fotografen/Inhabern der Bildrechte.
Texts by kind permission of the authors.
Pictures by kind permission of the photographers/
holders of the picture rights.

hutterreimann+cejka landschaftsarchitekten
www.hr-c.net

Umschlagmotiv | Cover:
Lichtschwärmer – Franziska und Christo Libuda

Fotografie | Photographs:
Lichtschwärmer – Franziska und Christo Libuda
hutterreimann+cejka
Oliver Kleinschmidt (50/51, 52/53)
Jörg Bresser (13)
Jörn Lehmann (82/83)
Chris Caldwell und Ben alias
Polar Bear/Agressor II (132/133,135)

Autoren | Authors:

Hansjörg Gadient
(Spezifische Landschaften, 6-13)
www.gadient.eu

Ingrid Fichtner
(Gedichte,148/149)
www.ingridfichtner.ch

Fachliches Lektorat | Technical editing:
Kerstin Gödecke, Zürich

Übersetzung | Translation:
Rachel Hill, London

Gestaltung und Satz | Design and setting:
Oliver Kleinschmidt, Berlin

Lithografie | Lithography:
Licht&Tiefe, Berlin

Druck und Bindung | Printing and binding:
fgb freiburger graphische betriebe

Bibliografische Information der Deutschen
Nationalbibliothek
Die Deutsche Nationalbibliothek verzeichnet diese
Publikation in der Deutschen Nationalbibliografie;
detaillierte bibliografische Daten sind im Internet
über http://dnb.d-nb.de abrufbar.
Bibliographic information published by the
Deutsche Nationalbibliothek
The Deutsche Nationalbibliothek lists this publica-
tion in the Deutsche Nationalbibliografie; detailed
bibliographic data are available on the Internet at
http://dnb.d-nb.de

jovis Verlag GmbH
Kurfürstenstraße 15/16
10785 Berlin

www.jovis.de

ISBN 978-3-86859-097-5

Wir danken für die
freundliche Unterstützung: